Ich fühl mich gut –
Die besten Tipps & Tricks
für Beauty und Selbstbewusstsein

KARIN KAMPWERTH
CORINNA STRENG

ICH FÜHL MICH GUT

DIE BESTEN TIPPS & TRICKS
FÜR BEAUTY UND SELBSTBEWUSSTSEIN

MIT ILLUSTRATIONEN
VON ALEXANDER WEILER

THIENEMANN

KARIN KAMPWERTH

VOLL GUT DRAUF

SCHÖN UND SELBSTBEWUSST IM HANDUMDREHEN

INHALT

IN JEDEM STECKT EIN SIEGER

So richtig gut drauf sein, jede Menge Spaß mit den Freunden haben, keinen Stress zu Hause und in der Schule klappt es auch ganz prima. – Wow, solche Power-Menschen, denen einfach alles im Handumdrehen gelingt und die dabei auch rein optisch noch super rüberkommen, sind einfach beneidenswert.
Aber wer behauptet eigentlich, dass du nicht zu diesen Überfliegern gehörst, die mit ihrer intelligenten Art, ihrem Charme und ihrem Durchsetzungsvermögen immer wieder begeistern? All diese Qualitäten, die du vielleicht an anderen bewunderst, stecken auch in dir selbst. Manchmal fehlt nur der entsprechende positive Kick, der deiner Personality auf die Sprünge hilft.

10

Und was dein Aussehen betrifft, gibt es wirklich keinen Grund, warum du dich verstecken müsstest. Weder ein paar Pickel noch eine nicht ganz perfekte Figur machen einen gleich zur grauen Maus. Wichtig ist einzig und allein, dass du dich wohl in deiner Haut fühlst. Wer mit sich selbst im Einklang ist und deshalb nicht sofort in eine tiefe Krise stürzt, weil ein paar Gramm mehr auf den Hüften sitzen oder die Nase nicht ganz dem Ideal entspricht, strahlt das auch nach außen aus. Ganz einfach, weil andere sofort checken, dass da jemand ist, der sich mag. Allein das macht dich schon attraktiv. Und da du nicht ständig mit dir und deinen sogenannten Schwächen beschäftigt bist, kannst du dich auf dein Gegenüber einlassen: Du hörst zu, ohne das Gespräch immer auf dich zu lenken, du bist Ratgeberin, ohne nur deine eigenen Interessen zu verfolgen, du pflegst deinen Body, ohne ständig im Wettkampf mit vermeintlich schöneren Mädchen zu stehen.

Dass ein gutes Ich-Gefühl wichtig für den Erfolg ist, haben Manager, Models und Schauspieler schon lange erkannt. Sie beschäftigen Personality-Trainer, die nichts anderes tun, als ihre Auftraggeber ins rechte Licht zu rücken. Aber auch du kannst deine persönliche Erfolgsstory schreiben: Dieses Buch verrät dir eine wirkungsvolle Strategie, wie du zu einer tollen Ausstrahlung und einem positiven Selbstwertgefühl kommst.

Sich richtig wohlfühlen

So klappt's!

Selbstzweifel können ganz schön nerven. Dann hältst du den Spiegel für deinen größten Feind oder bist davon überzeugt, nicht mehr richtig bis drei zählen zu können. Damit du wieder besser drauf bist, solltest du diesen fiesen Quälgeistern schleunigst den Laufpass geben.

WENN DER ZWEIFEL NAGT

Hilfe! Ich bin schüchtern! Ich bin zu dick! Ich hab Pickel! Ich bringe nie einen Ton raus, wenn mein Schwarm mir gegenübersteht! Und überhaupt: Keiner mag mich! – Wenn Mädchen und Jungs erwachsen werden, unterschätzen sie ihre persönlichen Stärken und plagen sich mit Selbstzweifeln.

Wer sich mit seinem Kummer an Eltern oder andere Erwachsene, denen man vertraut, wendet, hört häufig Sprüche wie »Das geht vorbei« oder »Das gehört zur Pubertät dazu«. Dieses Buch räumt auf mit solchen Weisheiten, die gar keine sind. Richtig ist zwar, dass der Weg vom Kind zum Jugendlichen damit verbunden ist, nach seinem eigenen Ich zu suchen. Dabei muss sich jedoch niemand verirren und an sich selbst verzweifeln, denn gesunde Ego-Power kannst du ganz leicht erlernen. Hier findest du die besten Tipps und Tricks, damit du dich so richtig wohl in deiner Haut fühlst.

Perfekt unperfekt

Vielleicht ist dir das ja auch schon einmal passiert und du hast ein Mädchen, auf das Jungs abfahren, weil sie traumhaft schöne Haare oder eine super Figur hat, beneidet, weil sie in deinen Augen perfekt ist. Oder du bewunderst einen Jungen, weil er supercool, schlagfertig und der unangefochtene Cliquenleader ist.

Ein gesundes Selbstwertgefühl und die Kunst, sich in seiner Haut wohlzufühlen, hat allerdings nichts mit der äußeren Fassade oder der Fähigkeit zu lockeren Sprüchen zu tun. Es geht nicht darum, eine perfekt inszenierte Show anderen gegenüber abzuziehen oder einfach nur gut auszusehen, sondern um ein echtes Komplettprogramm. Zu dem großen Puzzle, aus dem sich die Persönlichkeit zusammensetzt, gehört auch das Selbstbewusstsein dazu. Dahinter wiederum verbirgt sich nichts anderes als die Summe der Gefühle, die du für dich selbst übrig hast.

Psychologen drücken das mit einer einfachen Gleichung aus, die du auf der nächsten Seite findest.

SELBSTSICHERHEIT
+ SELBSTVERTRAUEN
+ AUSSTRAHLUNG

= SELBSTBEWUSSTSEIN

Hinter gesundem Selbstbewusstsein steckt also die Fähigkeit, sich gut zu fühlen, und das gleichzeitig nach außen hin zu zeigen. Dabei gilt es, ein Kunststück zu bewältigen, das einem Balanceakt auf einem Zirkusseil gleicht.

Wir müssen nämlich auch zu den Dingen an uns stehen, die nicht hundertprozentig in die Skala von Schönheitsidealen oder bewundernswerten Charaktereigenschaften passen. Superwichtig deshalb: nicht nur auf die eigenen Stärken setzen, sondern sich auch mit vermeintlichen Schwächen auseinandersetzen und sie ruhig mal zugeben. Vor sich selbst – und auch vor anderen. Denn wer sich eingesteht, auf dem einen oder anderen Gebiet nicht topfit zu sein, schafft die besten Voraussetzungen dafür, angebliche Unzulänglichkeiten zu überwinden. Außerdem wird er von anderen als mutig und vor allem liebenswert empfunden. Wie du deinem Selbstbewusstsein in verschiedenen Lebenslagen auf die Sprünge helfen kannst, zeigt dir unser kleiner Schnelldurchlauf für selbstsicheres Auftreten.

Crashkurs für mehr Courage

Den Schwarm lässig ansprechen.
Schön wär's, denn nichts ist schwieriger, als beim Flirt mit dem Traumjungen den ersten Schritt zu wagen. Deshalb beschweren sich Jugendliche am häufigsten über mangelndes Selbstbewusstsein, wenn sie sich einfach nicht überwinden können, den Auserwählten ganz locker mit einem netten Spruch anzuquatschen. Kein Wunder, schließlich ist es eine Glanzleistung, einem anderen gegenüber seine tiefsten Gefühle einzugestehen.

SO FUNKTIONIERT'S:

Such dir ein »Übungsexemplar«, indem du dir einen Jungen schnappst, den du zwar nett findest, aber definitiv nicht zu deiner großen Liebe erklären würdest. Ein »Hast du Lust, mit mir ins Kino zu gehen?« oder ein »Wollen wir nach der Schule noch ein Eis essen?« fällt dir ihm gegenüber gleich tausendmal leichter. Denn ohne Zitterknie und Herzrasen kannst du locker bleiben. Und eine Absage – wie »Sorry, hab keine Zeit, weil ich noch für die Klassenarbeit morgen lernen muss« –, die du im allerschlimmsten Fall kassierst, nimmst du nicht persönlich.

Auf der anderen Seite kannst du bei einer Zusage jede Menge Erfolgspunkte für dein Ego sammeln. Mit diesem Plus an positiven Erfahrungen schaffst du es garantiert, auch deinem Schwarm gegenüber den entscheidenden Schritt zu tun. Weil du ganz tief in deinem Inneren gelernt hast, dass es im Kino nicht gleich ums Knutschen geht und Eisessen nicht miteinander gehen heißt. Kurzum: Mit einem Angebot zu einer gemeinsamen Unternehmung gibst du dir noch lange keine Blöße, sondern ebnest lediglich den Weg, sich besser kennenzulernen.

Dabei landest du einen weiteren Volltreffer, wenn du ihm beim ersten Date gestehst, dass du ganz schön unsicher warst, als du ihn das erste Mal angesprochen hast. Vorteil: Dein Mut wird von deinem Körper sofort damit belohnt, dass die Hände aufhören unruhig zu vibrieren und das flaue Gefühl im Magen verschwindet.

In der Schule ganz locker ein Referat halten. Allein der Gedanke daran treibt vielen schon den Schweiß auf die Stirn. Vor versammelter Klasse möglichst frei zu sprechen, ohne rot wie eine Tomate anzulaufen und nicht gleich beim ersten Satz einen Stotteranfall zu bekommen, ist für die meisten eine richtig schwierige Aufgabe. Logisch, denn wie sollst du dich wohl in deiner Haut fühlen, wenn dir dein Ego in puncto glänzender Auftritt gerade mal wieder einen Strich durch die Rechung gemacht hat.

SO FUNKTIONIERT'S:

Auch hier ist Übung angesagt. Hast du dein Referat fertig vorbereitet, such dir ein paar »Opfer«, denen du deine Arbeit vortragen kannst. Dabei spielt es keine Rolle, ob du vor deinen Stofftieren, jüngeren Geschwistern, den Großeltern oder den Eltern redest. Hauptsache, du spürst dabei, dass der Stoff sitzt und du ein Gefühl für die wichtigen Punkte und notwendigen Betonungen entwickelst. Wenn es dann so weit ist und du wirklich vor deinen Mitschülern am Pult stehst, denke an deine tolle Darbietung während der Übungsphase. Dein Gehirn erinnert sich an das Erlernte und du kannst Sätze und Stoff so abrufen, wie du es trainiert hast.

Einem Fremden in Not Hilfe anbieten.
Es gibt Situationen, in denen es ganz schön schwierig ist, zu entscheiden, ob unsere Hilfe benötigt wird. Wird das unbekannte Mädchen tatsächlich von einem unangenehmen Typen belästigt oder gehören die beiden zusammen und streiten nur ganz normal? Ist der wankende Mann auf dem Gehsteig gegenüber betrunken oder hat er gesundheitliche Probleme? Unsere Hilfe anzubieten, und noch dazu einem Fremden, ist eine echte Herausforderung, weil schon Kinder häufig hören, dass man sich in Angelegenheiten anderer nicht einmischt. Doch wenn du nicht eingreifst, machst du dir später Vorwürfe, weil du deine Zurückhaltung für Feigheit hältst.

SO FUNKTIONIERT'S:

Wichtig: Hör auf dein Bauchgefühl und verlass dich auf deine innere Stimme. Sie signalisiert dir, ob du eingreifen solltest. Schließlich reicht schon eine einfache Frage wie »Brauchst du Hilfe?« oder »Kann ich etwas für Sie tun?«, um herauszufinden, ob es tatsächlich brenzlig ist. Und häufig steckt auch hier Übung dahinter. Wer öfter einer jungen Mutter mit Kinderwagen die Kaufhaustür aufhält oder der älteren Nachbarin die Einkaufstüten vor die Haustür trägt, traut sich auch in anderen Situationen seine Hilfe anzubieten und kann nachher stolz auf sich selbst sein.

Die eigene Meinung in der Clique vertreten.
Logisch ist es leichter, in der Clique im Mainstream mitzuschwimmen. Wer jedoch seine eigene Meinung grundsätzlich für sich behält und alles akzeptiert, fühlt sich schnell nicht mehr wohl in seinem Freundeskreis. Eigentlich klar, denn wenn du immer zum Inlineskaten gehst, obwohl du viel mehr Lust dazu hättest, dich aufs Fahrrad zu schwingen und ins Schwimmbad zu fahren, wirst du irgendwann unzufrieden. Und wenn du im Kino ständig Action-Streifen ansiehst, obwohl nebenan diese wundervolle Liebeskomödie läuft, siehst du es irgendwann nicht mehr ein, dein Taschengeld in ein teures Kinoticket zu investieren.

SO FUNKTIONIERT'S:

Natürlich sollst du dich nicht zum nervigen Nein-Sager entwickeln. Der entscheidende Punkt ist, immer auch Gegenvorschläge zu machen oder Alternativen zu bieten. Also heute zu skaten, dafür morgen ins Schwimmbad zu gehen. Oder die Mädels in der Clique sehen sich die Lovestory an, während die Jungs sich den härteren Streifen gönnen. So signalisierst du deinen Freunden einerseits, dass sie dir wichtig sind und du gerne mit ihnen gemeinsam etwas unternimmst. Gleichzeitig stärkst du auch deine Position in der Clique als selbstbewusste Persönlichkeit, die sich engagiert und sich nicht nur mitschleifen lässt.

Sich bei den Eltern durchsetzen.
Nicht nur über die unsinnigen Verbote von Eltern zu jammern, sondern seine eigenen Wünsche in die Tat umzusetzen, gehört auch zu einem gesunden Selbstwertgefühl dazu. Der Trick dabei lautet: Verantwortung übernehmen. Die meisten Väter und Mütter sind nämlich schwer beeindruckt, wenn du sie mit deiner Bereitschaft überraschst, Konsequenzen für dein Handeln zu übernehmen.

SO FUNKTIONIERT'S:

Du hast zum Beispiel keine Lust mehr, dir ständig anzuhören, dass du das Familientelefon durch stundenlange Gespräche mit der besten Freundin oder dem Kumpel blockierst? Schlage vor, dass du einen Zweitanschluss in dein Zimmer bekommst. Logischerweise verbunden mit dem Angebot, die Rechnung selber von deinem Taschengeld zu bezahlen oder dir einen Nebenjob zu suchen, um das Geld dafür zu verdienen. Auch gut: Wünsch dir statt einem neuen Outfit oder einem Computerspiel zum Geburtstag die Grundgebühr für das Telefon. Funktioniert natürlich auch fürs Handy. Noch besser wirkt ein Versprechen, Telefon oder Handy abzuschalten, wenn du Hausaufgaben machst oder Schlafenszeit ist. Notfälle selbstverständlich ausgenommen.

NACH-GEFRAGT

Wo sind deine Schwächen?

Von Liebe über Aussehen, Schule, Familie und Freunde bis hin zum alltäglichen Dilemma, wenn es mal wieder heißt »Ich trau mich nicht« – erst wenn du weißt, wo deine persönlichen »Schwachstellen« liegen, kannst du sie gezielt beheben. Und vielleicht stellst du fest, dass hinter einer vermeintlichen Schwäche sich eine heimliche Stärke verbirgt.

FEHLERSUCHE

Sich seiner selbst sicher sein, also konsequent, mutig, offen und engagiert anderen gegenüber aufzutreten und sich auch alleine in seiner Haut richtig wohlzufühlen, das erscheint als riesiges Pensum, was du absolvieren musst, um zu einem gesunden Selbstvertrauen zu gelangen. Aber keine Panik: Häufig hapert es nur an Einzelstücken, die du noch brauchst, damit das komplette Puzzle am Ende eine starke Persönlichkeit ergibt.

Dieses fehlende Puzzleteil kann die vermeintliche Schüchternheit deinem Schwarm gegenüber sein genauso wie die Angst davor, Eltern, Lehrern oder auch den Freunden gegenüber selbstbewusst die eigene Meinung zu vertreten. Spitzenreiter auf der Schwächen-Hitliste ist bei vielen Jugendlichen jedoch das Aussehen, das als unschlagbar in puncto Erfolg bei anderen gilt.

In welchen Bereichen dein positives Ich-Gefühl noch einen kleinen Push notwendig hat, kannst du hier testen. Und du erfährst außerdem, wie du deine vermeintlichen Minuspunkte in persönliche Pluspunkte verwandelst.

Die Sache mit der Liebe – oder: Bist du wirklich schüchtern?

1 Von Anfang an bewunderst du den superschnuckeligen Jungen, der in die Klasse über dir geht. Auf dem Pausenhof spricht er dich plötzlich an, ob du nicht Lust hast, mit auf eine Party bei seinem Kumpel zu kommen. Wie reagierst du?

A Ich will cool bleiben und sage, dass ich erst mal gucken muss, ob ich kann. Mit der Aussage, dass ich ihm am nächsten Tag Bescheid geben werde, verschaffe ich mir Zeit, um mich zu beruhigen.

B Meine Gesichtsfarbe konkurriert vermutlich mit dem Rot von Michael Schumachers Ferrari, aber ich lächle tapfer und sage zu.

C Ich kann mich in diesem Moment nicht mehr daran erinnern, jemals einen vollständigen Satz herausgebracht zu haben. Ich stammle etwas von »Äh, ja, vielleicht« und verschwinde auf die Mädchentoilette.

2 Dein Schwarm/Freund lädt dich am Samstag Nachmittag zu sich ein, weil er sturmfreie Bude hat. Gehst du hin?

A Auch wenn meine Schmetterlinge im Bauch im Irrflug sind, willige ich nur zögernd ein. Er soll bloß nicht merken, dass ich darauf schon lange gewartet habe.

B Mir ist zwar ein wenig mulmig, aber ich gehe hin. Wenn er mir zu aufdringlich wird, kann ich ja immer noch gehen.

C Ups! Ich weiß nicht, was da auf mich zukommt, weil ich bisher noch nie mit ihm alleine war. Ich erfinde deshalb eine Ausrede und sage ihm kurz vorher ab.

3 Du findest in deiner Schultasche einen Zettel mit einem Herzen darauf und der Telefonnummer von deinem Schwarm. Als du anrufst, stellt sich leider heraus, dass sich jemand einen üblen Scherz mit dir erlaubt hat und der Zettel gar nicht von ihm stammt. Wie kommst du aus der Situation heraus?

A Ich entschuldige mich am Telefon tausendmal für die peinliche Situation.

B Ich ärgere mich zwar innerlich total, aber ich versuche cool zu bleiben und frage ihn, ob wir nicht gemeinsam herausfinden wollen, wer uns da verkuppeln will.

C So ein Blödsinn, auf solche Zettel falle ich nicht rein, würde also niemals anrufen.

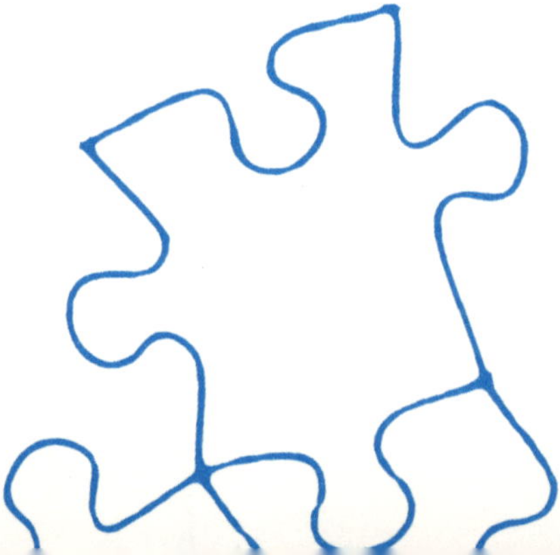

4 Der süßeste Junge aller Zeiten steht hinter dir an der Supermarktkasse. Ausgerechnet in diesem Moment fällt dir deine Handtasche hinunter und heraus fällt ein Booklet mit dem Jahres-Liebeshoroskop.

A Ich lächle ihn an und krame meine sieben Sachen schnell wieder zusammen. Dabei behaupte ich, dass das Horoskop eine Überraschung für meine Mutter sei.

B Ich weiß zwar nicht, was in mich fährt, aber ich sage: »Jetzt brauch ich nur noch dein Sternzeichen ...«

C Ich tue so, als würde ich ihn überhaupt nicht bemerken, und sehe zu, dass ich aus dem Laden komme, und hoffe, dass er mich draußen anquatscht.

Auswertung

Zähle zusammen, wie oft du A, B oder C angekreuzt hast.

Überwiegend A-Antworten:
Kompliment! Beim Flirten und in der Liebe ist dein Selbstvertrauen schon ganz gut ausgeprägt. Die einzige Stolperfalle, die dir dabei noch im Weg steht, ist die Sache mit deiner Unsicherheit, wenn du deinem Schwarm gegenüberstehst. Statt deine Begeisterung zu zeigen, suchst du lieber nach einer schlagfertigen Bemerkung, nur um nicht zugeben zu müssen, wie sehr du dich freust. In bestimmten Situationen ist das auch gut so. Beispielsweise wenn du wie aus heiterem Himmel einem absoluten Traumboy über den Weg läufst. Logisch, dass es hier nicht wirklich angebracht ist, dein plötzlich in Flammen stehendes Herz zu offenbaren. Aber wenn du schon lange auf eine Verabredung wartest, kannst du das ruhig auch zeigen. Schließlich kostet es auch Jungs große Überwindung, ein Mädchen anzusprechen. Schade, wenn er deine Unsicherheit dann als Abfuhr werten würde.

Überwiegend B-Antworten:
Glückwunsch! In Liebesangelegenheiten bist du wirklich gut drauf. Du bist nicht nur schlagfertig und witzig, sondern kommst auch mit peinlichen Situationen klar. Dabei kannst du dich selbst und deine Wünsche super einschätzen und lässt dich auf nichts ein, was du nicht wirklich willst. Weil du in der Lage bist, dabei auch mit einem hochroten Kopf Standhaftigkeit zu beweisen, wirkst du auf Jungs umso begehrenswerter. Dein Tempo solltest du aber drosseln, wenn du einem Fremden gegenüberstehst, der dir ganz gut gefällt. Denn mit allzu viel Schlagfertigkeit kannst du einen Jungen schnell verunsichern.

Überwiegend C-Antworten:
In der Liebe braucht dein Ego noch einen kleinen Anschub. Entweder weil du noch sehr jung bist oder einfach deshalb, weil du noch nicht so viele Erfahrungen mit dem Planeten *Boy* gemacht hast. Darum verhältst du dich Jungs gegenüber manchmal so, dass du dich später darüber schwarz ärgerst statt auf rosaroten Wolken zu schweben. Um deine Unsicherheit auf keinen Fall zu zeigen, reagierst du cool und abweisend. Schade, denn das nette Lächeln eines Jungen, der dir gefällt oder dich sogar anspricht, sollte doch belohnt werden! Dabei musst du keine Angst haben, wenn du plötzlich ins Stottern gerätst oder rot anläufst. Statt die Flucht zu ergreifen, kannst du ihm mit derartigen Reaktionen ganz einfach signalisieren: Ich freue mich.

Hässliches Entlein oder schöner Schwan – oder: Hast du Komplexe?

1 *Die* Party des Jahres steht vor der Tür. Und ausgerechnet jetzt findest du in deinem Kleiderschrank nicht ein einziges Outfit, das diesem Anlass gerecht werden könnte. Gehst du trotzdem hin?

A Verzweifelt rufe ich erst mal meine beste Freundin an und erkläre ihr, dass ich unmöglich mitkommen kann. Vielleicht kann sie mir ja helfen.

B Ich schlachte mein Sparschwein, pumpe meine Eltern an oder bitte meine Oma um ein vorzeitiges Weihnachtsgeschenk. Dann renne ich in den nächsten Laden, um mir ein paar coole Teile zu kaufen.

C Während ich in einem Klamottenberg stehe, der es locker mit dem Mount Everest aufnehmen könnte, entscheide ich mich für meine Lieblingsjeans und ein passendes Top dazu.

2 Sport oder Soap? Ausgerechnet zur Sendezeit deiner Lieblingsserie findet in deinem Sportverein ein Kurs für Power-Tai-Chi statt, den du schon immer mal machen wolltest. Für was entscheidest du dich?

A Immer für den Sport. Ich finde, man kann gar nicht genug für seine Figur tun.

B Erst mal für den Sport. Wenn es mir nicht gefällt, höre ich wieder auf.

C Klar für den Sport. Die Soap kann ich ja auf Video aufzeichnen.

3 Bist du mit deiner Figur zufrieden?

A Nein, obwohl andere sagen, dass sie okay ist.
B Eigentlich schon. Aber ich tue auch eine Menge dafür.
C Mal ja, mal nein, je nach Laune und nach dem, was ich gegessen habe. Wenn mir meine Lieblingsjeans nicht mehr passt, werde ich auf jeden Fall unruhig.

4 Worauf, glaubst du, schauen Jungs bei Mädchen zuerst?

A Auf die Beine.
B Auf den Po.
C In die Augen.

Auswertung

Zähle zusammen, wie oft du A, B oder C angekreuzt hast.

Überwiegend A-Antworten:
Du weißt es wahrscheinlich längst – wenn es um dein Aussehen geht, bist du ziemlich unsicher. Weil du dich eher fragst, wie du auf andere wirkst, anstatt herauszufinden, was dir selber am besten gefällt oder wie du dich am wohlsten fühlst. Das geht vielen Mädchen so, egal ob sie von anderen wegen ihrer traumhaften Beine, ihrer Model-Figur oder ihrem hübschen Gesicht bewundert werden. Im Mittelpunkt steht immer die Frage: Wie finden die anderen mich? Aber mal ganz ehrlich: Wie findest du dich? Oft ist es nämlich so, dass man sich selbst wohler in seiner Haut fühlt, wenn man nicht noch drei Kilo runterhungert. Oder wenn man im Lieblings-Lässig-Outfit statt im megamodischen Styling auf der Party auftaucht. Ganz einfach, weil du harmonisch nach außen ausstrahlst, dass du mit dir selbst und deinen eigenen Vorstellungen im Einklang bist. Und damit wirkst du lockerer und ungezwungener als Mädchen, die sich ständig fragen, ob das Make-up noch sitzt oder der Rock nicht zu kurz ist. Wie sonst sollte es auch zu erklären sein, dass selbst Mädchen, die nicht mit Heidi Klum konkurrieren können, eine Menge Bewunderer haben oder sich sogar einen echten Traumboy angeln konnten?

Überwiegend B-Antworten:
Eigentlich bist du rundum zufrieden mit dir und deiner Figur, egal ob sie gängigen Schönheitsidealen entspricht oder nicht. Wenn da nur nicht immer wieder diese regelmäßigen Krisen wären, bei denen dein optisches Selbstbewusstsein wie ein kaputter Fahrstuhl in tiefste Abgründe stürzt. Dann versuchst du panikartig mit Frustkäufen deine Optik aufzupeppen, obwohl eigentlich deine Psyche den Push nötig hätte. In solchen Momenten solltest du dir nicht nur für ein wohliges Bad oder eine kosmetische Generalüberholung Zeit nehmen, sondern auch deine Seele mit Streicheleinheiten verwöhnen. Mach dir mal klar, was dich eigentlich liebenswert macht. Dein Lächeln, deine Fröhlichkeit, deine Art, anderen zuzuhören. Das sind Eigenschaften, die dir auch ein Pickel, der zum ungünstigsten Zeitpunkt sprießt, oder der Minirock, der auf einmal in der Taille kneift, nicht nehmen können. Und das gilt auch, wenn sich ausgerechnet kurz vor einem Date mit deinem Schwarm Selbstzweifel besonders laut zu Wort melden. Vielleicht hilft dir dabei ja eine Statistik: Nach einer Umfrage des renommierten Forsa-Instituts schauen nur acht Prozent der Jungs zuerst auf die Beine eines Mädchens, zehn Prozent auf den Po. Aber immerhin 38 Prozent blicken ihr zuerst in die Augen.

Überwiegend C-Antworten:

Wow, du findest dich schön, magst deinen Körper und gehst deshalb auch liebevoll und gut mit ihm um. Auf der Wohlfühlskala bringt dir das zehn fette Pluspunkte ein. Du weißt, wie du deine Schokoladenseiten gut in Szene setzt, egal ob es sich um deine strahlenden Augen, einen schön geschwungenen Mund, ein traumhaftes Dekolleté oder extralange Beine handelt. Dir geht es nie darum, Idealen aus der Welt des Show- und Model-Business nachzueifern. Du glänzt viel lieber mit deinem eigenen Stil und schaffst es auch, im Ultra-Lässig-Look auf einer Party zum strahlenden Mittelpunkt zu werden. Weil du weißt, dass zu einem guten Aussehen eine tolle Ausstrahlung gehört. Das befreit dich natürlich nicht von Selbstzweifeln, die auch dich ab und zu kalt erwischen. Was du dann brauchst, ist jedoch kein neues Outfit oder eine besonders teure Beauty-Maske. Viel schneller verhelfen kleine Psychotricks deinem Wohlbefinden wieder auf die Sprünge. Das kann eine Jogging- oder Inliner-Tour sein, bei der du dich richtig auspowerst. Oder einfach nur fünf Minuten mit dir alleine vor dem Spiegel, in denen du mit deinem Gegenüber um die Wette lachst. Spätestens dann weißt du ganz schnell wieder: Hey, das tolle Mädchen da im Spiegel, das bin ich!

Power bei Freunden, Familie und in der Schule – oder: Check deine Schlagfertigkeit

1 Deine Clique hängt mal wieder lustlos rum und kein Vorschlag, irgendetwas auf die Beine zu stellen, zieht. Mit welcher Idee sorgst du für Power?

A Ich schlage vor, eine Runde Uno, Trivial Pursuit oder ein anderes Spiel zu spielen. Der Gewinner darf bestimmen, was abgeht.

B Ich suche mir eine Freundin oder einen Kumpel, die besser drauf sind und mit denen ich alleine etwas unternehmen kann.

C Ich erkläre meinen Freunden, dass mich ihre Lustlosigkeit nervt.

2 Endlich hast du dich mit deinem Schwarm verabredet. Doch ausgerechnet jetzt fällt deiner Mutter ein, dass sie dringend deine Hilfe im Garten braucht. Was tust du?

A Ich erkläre ihr, wie wichtig dieses Date für mich ist, und schlage vor, am nächsten Tag die komplette Bügelwäsche zu erledigen, wenn sie mich gehen lässt.

B Ich erfinde eine Notlüge, dass ich einer Freundin versprochen habe, mit ihr für die Mathearbeit am nächsten Tag zu lernen.

C Ich rufe meinen Schwarm an und frage, ob er ein anderes Mal Zeit hat.

3 Du hast nach der Klassenarbeit in Deutsch ein supergutes Gefühl und bist sicher, dass dir der Aufsatz einfach gelungen ist. Als du die Arbeit zurückbekommst, steht eine Vier darunter! Schluckst du die schlechte Note?

A Nicht ohne meinen Lehrer zu fragen, wie er zu der miesen Bewertung kommt.
B Ich frage zunächst mal meine Klassenkameraden, wie sie abgeschnitten haben, und vergleiche meine Arbeit mit denen, die besser benotet worden sind.
C Ich zeige dem Lehrer meine Enttäuschung und beschließe das nächste Mal besser zu sein.

4 Du hast deine Clique zum Essen eingeladen. Es gibt Spaghetti Bolognese. Am Abend stellst du jedoch um Viertel nach sieben fest, dass du das Hackfleisch vergessen hast. Also Schnellspurt in den nächsten Laden. Außer Atem stehst du um halb acht vor der Fleischtheke, um dir anhören zu müssen, dass der Fleischwolf schon geputzt worden ist und es deshalb kein Hackfleisch mehr gibt. Was nun?

X Ich weise den Verkäufer freundlich darauf hin, dass der Laden erst um zwanzig Uhr schließt und er mir deshalb bitte mein Hackfleisch durch den Wolf drehen soll. Notfalls verlange ich nach dem Geschäftsführer.

B Ich murmle etwas von wegen, der Kunde ist König, der Verkäufer aber wohl der Kaiser, und besorge mir Hackfleisch aus der Tiefkühltheke.

C Ich beschließe in diesem Laden nie wieder einzukaufen.

Auswertung

Zähle zusammen, wie oft du A, B oder C angekreuzt hast.

Überwiegend A-Antworten:
Fiese Verkäufer, schlecht gelaunte Freunde, strenge Eltern oder ein Lehrer, der dich falsch benotet, – das sind sie, die alltäglichen Killer-Situationen, die aus guter Laune schnell miese Stimmung machen. In den meisten Fällen lässt du dich dabei aber nicht stressen, denn du kennst deine Rechte, weißt um deine Stärken und verstehst es, deine Wünsche nach der richtigen Wertigkeit einzustufen. Dabei bist du immer auf der Suche nach einer Lösung, ohne andere vor den Kopf zu stoßen. Mit Witz und Einfühlungsvermögen schaffst du es locker, der miesepetrigen Clique wieder Leben einzuhauchen, statt dich von kollektiver schlechter Laune anstecken zu lassen. Den fiesen Verkäufer weist du einfach freundlich auf seine Aufgabe hin und auch von einem Lehrer lässt du dich nicht unterkriegen.

Noch viel wichtiger ist aber deine Kompromissbereitschaft, die deine starke Persönlichkeit besonders auszeichnet. Deshalb kriegst du auch deine Eltern immer rum, wenn du ein Ziel, das dir wirklich wichtig ist, erreichen willst. Statt zu quengeln und rumzumaulen, machst du Angebote, mit denen du ihnen ein Stück entgegenkommst und zeigst, dass du durchaus Verantwortung für dich und andere übernehmen kannst.

Überwiegend B-Antworten:
Aber hallo! Warum spielst du Verstecken mit dir selbst? Es gibt so viele Situationen, wo du dir deiner Stärken und deiner Persönlichkeit absolut sicher bist. Und dann reicht eine kleine Unfreundlichkeit, ein lächerliches Verbot oder eine ungerechte Behandlung, damit du dich in dein Schneckenhaus verziehst. Dabei hast du das gar nicht nötig, denn niemand verübelt es dir, wenn du ab und zu mal deine Krallen ausfährst. Weck also ruhig den Tiger in dir und kämpfe für deine guten Gefühle, denn keiner hat das Recht, darauf herumzutrampeln.
Du musst ja nicht gleich die Rolle des Cliquen-

Leaders übernehmen, wenn bei deinen Freunden mal gar nichts abgeht. Es ist vollkommen okay, dich mit einer Freundin oder einem Kumpel zurückzuziehen und zu zweit was auf die Beine zu stellen, wenn die anderen nicht mitmachen. Und es ist auch in Ordnung, eine in deinen Augen zu schlecht benotete Klassenarbeit erst einmal in der Gruppe zu diskutieren, bevor du deinen Lehrer auf das vermeintliche Unrecht aufmerksam machst. Du solltest dir aber nicht alles gefallen lassen, was dich auf deinem Weg zu deinen Zielen ausbremst. Statt zu Notlügen zu greifen oder dich einschüchtern zu lassen, darfst du ruhig zu deinen Überzeugungen stehen. Denn zu einem guten Ich-Gefühl gehört auch, sich nicht ständig unterbuttern zu lassen oder unterordnen zu müssen.
Wie du das ganz locker hinkriegst, erfährst du unter anderem in dem Kapitel *»Der schnellste Weg zum Ego«*.

Überwiegend C-Antworten:
Gute Zeiten, schlechte Zeiten – die kennst du ganz genau, wenn es um die Einschätzung deiner Persönlichkeit geht. Da gibt es diese Tage, an denen du dir gar nichts zutraust und von anderen einfach überrollt wirst. Und dann wieder glänzt du mit unglaublicher Power und setzt dich mutig für deine Ziele oder deine Freunde ein. Das Einzige, was fehlt, ist die Beständigkeit eines positiven Bauchfeelings, das dir in den meisten Fällen den richtigen Weg weisen würde. Na und? Deshalb musst du nicht in Selbstzweifeln versinken, denn es ist wirklich kein Drama, auch mal einen schlechten Tag erwischt zu haben. Solange du das dir gegenüber eingestehst, ohne dich komplett in Frage zu stellen. Deshalb ist es auch völlig legitim, der Clique mal ordentlich die Meinung wegen ihrer miesen Laune zu geigen, ohne gleich den Top-Vorschlag zur Versöhnung zu bringen. Manchmal reicht es auch schon, am nächsten Tag einfach mit einem kleinen »Sorry« rüberzubringen, dass du nicht in Form warst.

THINK PINK: SCHWÄCHEN GANZ STARK

Vor allem Mädchen begreifen ihr Aussehen und ihren Charakter häufig als eine riesige Ansammlung an Mängeln, Fehlern und Unzulänglichkeiten. Aber Vorsicht! Nicht alles, was du für eine Schwäche an dir hältst, ist auch tatsächlich eine. Deine Freunde sehen dich oft ganz anders, als du dich selbst einschätzt.

Jungs dagegen sind sich selbst gegenüber meist viel unkritischer. Das haben auch Persönlichkeitsforscher herausgefunden, die Männer nach ihren vermeintlichen Schwächen befragten. Als Antworten hörten sie: »Ich bin vielleicht ein wenig zu ehrgeizig.« Oder: »Manchmal übertreibe ich es mit dem Sport ein bisschen.«

Ganz schön schlau, denn das, was Männer als Defizite bezeichnen, erweist sich bei näherem Hinschauen als eine Stärke. Da arbeitet jemand an seinen persönlichen Zielen oder tut etwas für seinen Körper und seine Fitness. Diesen Trick kannst du dir auch zu eigen machen, indem du einfach mal überprüfst, ob deine vermeintlichen Schwächen wirklich negativ sind. Meistens musst du dich nämlich nicht selbst ändern, sondern nur deinen Blickwinkel auf dich.

Wie das geht, zeigen dir die Beispiele auf den folgenden Seiten.

DU HÄLTST DICH FÜR ZU IMPULSIV UND TEMPERAMENTVOLL?

Die Wahrheit: Klar schießt du manchmal über das Ziel hinaus und plapperst ungebremst drauflos – um dich eine Sekunde später über dich selbst zu ärgern, weil du deiner Ansicht nach jede Menge Unsinn von dir gegeben hast. Doch genau dafür lieben dich deine Freunde. Denn du bist diejenige, die ohne großes Nachdenken und Abwägen die witzigsten Ideen für spontane Cliquen-Action liefert oder dem Lehrer die Meinung sagt, weil einer deiner Klassenkameraden in deinen Augen ungerecht behandelt wird. Toll!

DU HÄLTST DICH FÜR UNDIPLOMATISCH UND ZU DIREKT?

Die Wahrheit: Natürlich ist es auf den ersten Blick heftig, wenn du der Klassenzicke deine Meinung geigst oder deiner besten Freundin deutlich von der Jeans abrätst, für die sie gerade viel Geld hinlegen will, obwohl sie eine Nummer zu klein ist. Andererseits wirst du dafür bewundert, dass du sagst, was andere nur denken. Wer unverblümt seine Meinung ausspricht, gilt als superehrlich und aufrichtig. Weil jeder weiß, dass du die Wahrheit niemals rosarot ausschmückst, nur um dich bei anderen beliebt zu machen.

DU HÄLTST DICH FÜR ZU SCHÜCHTERN?

Die Wahrheit: Weil du nicht immer gleich mit der Tür ins Haus fällst, sondern zurückhaltend wartest, gelingt es dir immer, den richtigen Zeitpunkt für ein Gespräch oder eine Aktion abzuwarten. Andere schätzen an dir deine überlegte, kluge Art, die dich zu einer vertrauenswürdigen Freundin macht.

DU FINDEST DEINE HAARE EINFACH SCHEUSSLICH?

Die Wahrheit: Egal ob zu glatt, zu kurz, zu krauselig – fast jedes Mädchen hat an seiner Frisur etwas auszusetzen. Das Widersinnige daran: Andere beneiden es vielleicht gerade wegen seiner tollen Haare. Die Glatthaarigen wünschen sich die lockige Löwenmähne, obwohl die vermeintlich stolze Besitzerin ihre widerspenstigen Haare oft verflucht. Und die Kurzhaarigen träumen vom Long-Look, obwohl deren Trägerinnen gerne einen Shorty hätten, mit dem sie richtig frech und cool aussehen.

DU HÄLTST DICH FÜR ZU DICK?

Die Wahrheit: Die wenigsten Jungs stehen auf Hungerhaken. Das, was du als fett bezeichnest, empfinden sie als weibliche Rundungen, die anmachen statt abzustoßen. Anders ließe es sich nicht erklären, warum auch molligere Mädchen einen Freund abbekommen und sich dabei oft auch noch die besonders begehrenswerten Exemplare angeln.

Fazit:

Mach keine Kehrtwendung in Bezug auf deine Persönlichkeit oder dein Outfit, sondern rücke dich selber und deine Art einfach nur in ein positiveres Licht. Dabei kannst du natürlich noch Akzente setzen, damit du das, was du in deinem Spiegelbild siehst, auch richtig zu schätzen weißt.
Wie das funktioniert, erfährst du im nächsten Kapitel.

ICH FÜHL MICH WOHL

Man sieht es!

Zu dick, zu dünn, zu hässlich, zu langweilig, zu unsportlich – dass Jugendliche ständig an sich herummäkeln, daran ist die lästige Pubertät schuld. Mit kleinen Tricks lassen sich die verrückt gewordenen Hormone aber locker aus- und kleine Schönheitsmakel überspielen.

DAS CHAOS MIT DEN KOMPLEXEN

In der Pubertät sind Mädchen und Jungs häufig Weltmeister darin, wenn es darum geht, sich selber herabzusetzen und abzukanzeln. Am meisten nerven dabei diese Mädchen, die in deinen Augen auf jedem Gebiet eine richtig gute Figur machen und trotzdem kein gutes Haar an sich lassen.

Und dann erwischst du dich plötzlich selbst dabei, wie du an deinen Spaghetti-Haaren herumnörgelst, die deine beste Freundin gestern noch als beneidenswerte Löwenmähne bezeichnet hat. Oder du entdeckst beim Blick in den Spiegel plötzlich diesen Monsterpickel, der sich wie der Mount Everest auf deiner Stirn erhebt. Aber deine Mutter verlangt nur nach einer Lupe, als du sie auf der Suche nach einem Gegenmittel panisch darauf aufmerksam machst. Und dann fragt die Nachbarin genau zu dem Zeitpunkt, an dem du fieberhaft im Internet nach Informationen über die neueste Hollywood-Wunderdiät suchst, ob du abgenommen hast. Aber können Spiegel lügen?

Hormone kontra Happy-Hype

Okay, dass du in der Pubertät steckst, weißt du selber. Aber hast du denn eine Vorstellung davon, was dieser lästige Hormonkick mit deinem Selbstbewusstsein anrichten kann?
Deine Gefühle Jungs gegenüber fahren jetzt genauso Achterbahn wie dein Empfinden für dich selbst. Dabei übernimmt ein Chemie-Cocktail die Kontrolle über Kopf und Körper. Und zusätzlich musst du dich noch damit auseinandersetzen, dass sich dein äußeres Erscheinungsbild beinahe in Lichtgeschwindigkeit verändert. Der Busen wächst, Hüfte und Po bekommen weibliche Rundungen und auch die Haut scheint auf der Suche nach ihrer endgültigen Beschaffenheit zum Nährboden für jeden Pickel zu werden.
Richtig gemein verhalten sich dabei die verrückt spielenden Hormone. Denn sie sorgen dafür, dass du einen Knick in der Optik bei deiner persönlichen Selbstwahrnehmung bekommst. Also nichts wie her mit einer rosaroten Brille für dein Ego!

Die Top Five der Feel-good-Hits

* **Raus aus der Krise**
  Wer sich nicht wohl in seiner Haut fühlt, sollte sich etwas Gutes gönnen. Also nichts wie raus aus dem Schneckenhaus des Selbstmitleids und ab mit der besten Freundin ins Kino oder zu einem ausgedehnten Shoppingbummel in die City!

* **Schoki-Power**
  Du bist ganz sicher, dass irgendjemand deine Waage manipuliert hat. Denn obwohl sie selbst vor Gericht aussagen würde, dass du kein Gramm zugenommen hast, fühlst du plötzlich jedes Kilo als doppelte Last. Setz noch einen drauf und gönn dir deine Lieblingsschokolade. Wissenschaftler haben nämlich bewiesen, dass in Schokolade – vor allem in zartbitteren Sorten mit hohem Kakaoanteil – nicht nur Kalorien, sondern eine ganze Portion Happy-Hormone stecken. Diese so genannten Serotonine bringen auch dein Feeling schnell wieder auf die Überholspur und machen dich fit für deinen Vorsatz, ab morgen gesünder zu essen.

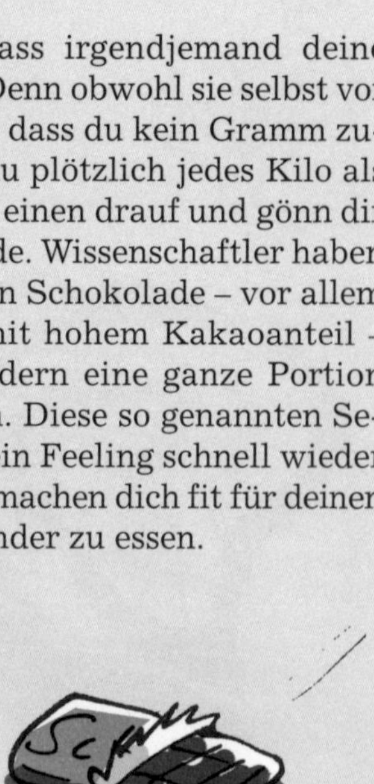

* **Tausch-Rausch**
  Selbst in deinem Lieblingsoutfit fühlst du dich plötzlich wie in Lumpen gehüllt? Da hilft garantiert der Kleiderschrank deiner Freundin. Beim kreativen Klamottentausch findest du bestimmt ein Teil, das aus dir schnell wieder eine Prinzessin macht. Und wenn dir ihre knackige Jeans nicht passt, ist es vielleicht diese wunderbare Bluse, die dich zur Beauty-Queen macht. Oder ihre tollen Traumschuhe, mit denen auch dein angeknackstes Selbstbewusstsein schnell wieder Fuß fasst.

* **Body-Booster**
  Eine halbe Stunde Inlineskaten, Joggen oder Walking an der frischen Luft reichen aus, damit dein Körper dir Danke sagt: Mit einer Extraportion Endorphinen, den Wohlfühl-Hormonen.

* **Lachen macht Laune**
  Alles halb so wild. Lachen entspannt den Körper und die Seele. Verrückt, aber wahr: Eine Minute lachen wirkt wie 45 Minuten Entspannungstraining. Und ganz nebenbei fördert Lachen die Durchblutung und sorgt für einen zarten, rosigen Teint.

PERSONAL STYLING – SO SCHÖN BIST DU

Tatsache ist, dass 90 Prozent aller Mädchen und Frauen nie einen Model-Vertrag in der Tasche haben werden, weil ihre Figur auf der Skala der Schönheitsideale bei dem einen oder anderen Punkt aus der Reihe tanzt. Auch wenn es sich dabei in den meisten Fällen nur um Mini-Makel handelt, gerät so manches Mädchen deshalb in die große Krise. Kein Wunder beim Anblick der perfekten Beautys, die uns tagtäglich von den Covern der Modezeitschriften entgegenlächeln.

Auch wenn du selber eigentlich schon lange weißt, dass es auf die Fashion-Fassade nicht ankommt, ist es trotzdem super fürs Selbstbewusstsein, mit einem gepflegten, guten Aussehen auf Komplimente-Kurs zu gehen. Wer sich dabei von auf Hochglanz polierten Promis nicht ablenken lässt und viel lieber auf die Suche nach seinen ganz persönlichen Schokoladenseiten geht, landet garantiert einen Treffer für seine Top-Ausstrahlung. Damit die Punktlandung für dein Personal Styling gelingt, findest du hier die besten Outfits für mollige Mädchen genauso wie für dünne, kleine oder auch ganz große Girls.

Rundum eine gute Figur

STYLINGTIPPS FÜR MOLLIGE MÄDCHEN

Outfit: Zeig deine weiblichen Rundungen in Klamotten, die dich trotzdem schlank wirken lassen. Super in Szene setzen Carmen-Rüschen ein üppiges Dekolleté. Beine machen dir überlange Jeans mit nicht zu großem Schlag und kleine Pölsterchen verschwinden unter fließenden Stoffen aus Satin oder Lycra. Mollige Beautys setzen außerdem auf dunkle Farben oder kleine Muster. Das wirkt superedel und geheimnisvoll verführerisch!

Schuhe: Auch wenn derbe Sneakers mit dicken Sohlen total angesagt sind, solltest du einen Bogen um sie herummachen. Einen tollen Auftritt hast du dagegen in zarten Riemchenschuhen oder zierlichen Sabots zum Reinschlüpfen. Spitze wirkst du in Stiefeletten mit kleinen dünnen Absätzen.

Accessoires: Keine großen Klunker, stattdessen lieber ganz sweet in Silber ein süßes Kettchen mit kleinem, funkelndem Anhänger, ein schmaler Armreif und schmale Ringe.

Darf's etwas mehr sein?
STYLINGTIPPS FÜR DÜNNE MÄDCHEN

Outfit: Superdünne Mädchen dürfen in puncto Fashion richtig dick auftragen. Feste Stoffe wie Cord und Baumwolle pushen den zarten Body. Gerüschte und geraffte Blusen sind der Geheimtipp, der aus einem Mini-Dekolleté einen Maxi-Hingucker macht. Pluspunkte sammelst du auch mit großen Mustern auf Oberteil und Hose und mit bunt durcheinander gemixten Farben.

Schuhe: Auch wenn du Sweety-Sandalen mit feinen Riemchen wunderschön findest, wirken sie wie ein Diätprogramm auf ohnehin schon dünne Beine. Dafür stehen dir trendy Sneakers oder derbe Stiefel besonders gut. Trägst du die noch zum Minirock, bist du richtig hip.

Accessoires: Breite Gürtel zaubern optisch gleich ein paar Gramm mehr auf die Hüften. Schmale Finger peppst du im Handumdrehen mit dicken Ringen auf.

Ganz hoch hinaus

STYLINGTIPPS FÜR KLEINE MÄDCHEN

Outfit: Ton in Ton mit fließenden Stoffen schummeln kleine Mädchen gleich ein paar Zentimeter dazu. Wichtig: Keine Body-Breaks bei der Auswahl der Klamotten. Das heißt, Finger weg von Ringelpullis, bauchfreien Tops oder knappen Röcken. Denn das unterbricht die Figur und lässt dich noch kleiner wirken. Super stehen dir dagegen Oberteile mit V-Ausschnitt, knielange Röcke und Kleider oder schmal geschnittene, aber nicht hautenge Jeans und Hosen.

Schuhe: Süße Plateaus im Sommer, Stiefel mit kleinem Absatz im Winter – so wächst du zu jeder Jahreszeit optisch über dich hinaus.

Accessoires: Perfekt für kleine Mädchen: Gürtel mit langen Bändern, die die Beine umspielen. Für ein süßes Dekolleté sorgen lange, schmale Kettchen.

Kurz und gut
STYLINGTIPPS FÜR GROSSE MÄDCHEN

Outfit: Gleich eine Nummer kleiner wirken ganz große Mädchen, wenn sie bei ihrem Look darauf achten, dass sie die lange Linie immer wieder unterbrechen. Das gelingt locker mit bauchfreien Tops, kurzen Jacken, Dreiviertelhosen oder Miniröcken. Auch mit frechen Farben sorgst du immer wieder für Breaks, die dich kleiner erscheinen lassen. Tipp: Falls du dich an bauchfreie Tops nicht ranwagst, wirken auch schulterfreie Oberteile.

Schuhe: Klar dürfen es auch mal die High Heels sein. Aber wenn du nicht ganz so hoch hinauswillst, stehen dir supersüße Sabots mit Mini-Pfennigabsatz oder flache Sneakers.

Accessoires: Breite Halsreifen oder ein Nabel-Tattoo zum Aufkleben strukturieren lange Bodys und lassen dich optisch kleiner wirken. Perfekt auf Small-Size sitzen breite Gürtel, die für einen echten Hingucker sorgen.

Dos & Don'ts in Sachen Mode

Manchmal sind es einfach nur die Feinheiten an der Figur, die ein gutes Body-Feeling schnell vermiesen. Mit diesen Fashion-Tricks bügelst du kleine Makel einfach aus:

BREITE SCHULTERN

Yes: Oberteile mit Rüschen und Puffärmeln, lässig fallende Blusen. Ein besonderes Plus: Weit ausgestellte Kleider und Röcke bringen Schwung in die Figur.
No: Spaghetti-Tops, enge Rollkragenpullis, T-Shirts in Tank-Form.

GROSSER BUSEN

Yes: Enge Shirts mit V-Ausschnitt betonen einen üppigen Busen, weich fließende Stoffe und Tops mit U-Boot-Ausschnitt lenken ab.
No: Alles, was gerüscht und gerafft ist, macht aus viel noch mehr.

KLEINER BUSEN

Yes: Oberteile aus weich fließenden Stoffen mit großen Mustern bringen deinen Busen schnell in Top-Form. Wer keine Angst vor Mogelpackungen hat, greift zum Push-up-BH unter engen Tops. Raffinierte Pölsterchen in den Körbchen sorgen für ein verführerisches Dekolleté.
No: Knallenge Tops mit Spaghettiträgern und knappe Oberteile.

MOLLIGE HÜFTEN

Yes: Bunte Tops mit raffinierten Schnitten oder tollen Mustern lenken ab und betonen deinen Oberkörper. Schwingende Röcke und Kleider stehen Mädchen mit weiblichen Rundungen besonders gut.
No: Finger weg von breiten Gürteln und Hüfthosen. Derbe Cord- oder Baumwollstoffe betonen außerdem, was du lieber wegschummeln möchtest.

KRÄFTIGE BEINE

Yes: Weich fließende Hosen im Marlene-Stil zu Schuhen mit hohen Absätzen bringen deine Beine in Topform. Auch auf rockige Zeiten musst du nicht verzichten. Wichtig: Oberschenkel schön verpacken und eine Länge bis etwa zur Mitte der Waden wählen. Toll bei Hosen: Längsstreifen, überlang und leicht ausgestellt.
No: Helle, bunte oder geringelte Strumpfhosen zum Rock, knallenge Jeans oder Hosen aus Stretchstoffen.

DIE BEAUTY-SECRETS DER STARS

Auch Hollywood-Schönheiten sind nicht als makellose Beautys auf die Welt gekommen und helfen mit Stylisten, Make-up-Artisten und kleinen Tricks nach, um ihr Aussehen kameratauglich zu machen.

Jennifer Lopez

Auch wenn die Latina selbst ohne Make-up klasse aussieht, schummelt sie mit Schminke für die ganz großen Augenblicke ihrer Auftritte. Ihr verführerischer Augenaufschlag entsteht durch Fake-Wimpern, die sie sich einfach anklebt und mit einer Extraportion Mascara in Bestform tuscht. Glänzende Hautpartien zaubert Jennifer mit hellem Puder weg. Für ihren frischen, sonnengebräunten Teint sorgt terracottafarbenes Rouge.

Drew Barrymore

Ohne Make-up wirkt die Schauspielerin so unspektakulär wie ein Schulmädchen von nebenan. Glamour ins pausbäckige Gesicht von »Charlies Engel« kommt durch rauchig geschminkte Augen mit schwarzem Kajal sowie braunem Lidschatten auf Ober- und Unterlid. Süß: Für die Lippen wählt Drew nur ein schimmerndes, farbloses Lipgloss.

Renée Zellweger

Ganz auf Natürlichkeit setzt Bridget-Jones-Darstellerin Renée auch bei ihrem Make-up. Groß raus kommen dabei vor allem ihre Vorzüge wie der sinnliche Schmollmund, den sie gekonnt mit glitzernden oder matten Rottönen in Szene setzt. Ganz geschickt lenkt sie dabei von ihren kleinen Augen ab, die sie häufig nur mit einem pastelligen Lidschatten und Mascara betont.

BEAUTY-BASICS

Selbst wenn sich nicht jeder Pickel gleich in die Flucht schlagen lässt – Pflege ist der schnellste Weg zu einer strahlend schönen Haut. Das gelingt selbst in Zeiten, in denen die Hormone mal wieder ganz besonders aus dem Ruder laufen.

Test yourself

Bevor du dein ganz persönliches Pflegeprogramm startest, check deinen Hauttyp, damit du Unreinheiten ganz gezielt an den Kragen gehen kannst. Nimm dazu ein Kosmetiktuch und drücke es auf die gereinigte Haut. Bei fettiger Haut bleiben überall auf dem Tuch ölige Flecken zurück, Mischhaut erkennst du an Spuren auf der sogenannten T-Zone von Stirn, Nase und Kinn. Trockene Haut, die häufig besonders empfindlich ist, hinterlässt keine Rückstände auf dem Tuch.

Pflege für fettige Haut

Wenn die Talgdrüsen während der Pubertät auf Hochtouren laufen, hinterlässt das häufig einen öligen Glanz auf dem Teint, der Pickeln und Pusteln Tür und Tor öffnet.

WISCH & WEG

Porentiefe Reinigung morgens und abends sorgt dafür, dass der Fettgehalt der Haut reduziert wird, ohne auszutrocknen.
Wichtig: Alkoholfreie, sanfte Reinigungslotionen oder Waschgels verwenden.
Perfekt: Ein bis zwei Mal in der Woche ein mildes Peeling, das die Poren richtig ausputzt.
So kriegt die Haut ihr Fett weg: Feuchtigkeitscremes für ölige Haut mit Pflanzenextrakten und antiseptischen Zusätzen sorgen schnell für einen zarten, frischen Teint.

MAKE-UP

Grundierungen oder getönte Tagescremes gibt es speziell für fettige Haut.
Perfektes Finish: Transparenten, losen Puder mit einer dicken Puderquaste einklopfen. Superschnell einen matten Teint zaubern auch Pudertücher, die du einfach zwischendurch auf fettige Hautstellen drücken kannst.

Pflege für Mischhaut

Mischhaut mit fettigen Partien an Stirn, Nase und Kinn und trockenen Hautstellen an den Wangen benötigt Pflege im Schonprogramm.

WISCH & WEG

Sanfte Reinigungslotionen, die der Haut auch während des Waschens keine Feuchtigkeit entziehen, sind perfekt. Einmal wöchentlich zusätzlich eine Reinigungsmaske auf der T-Zone auftragen.
Trick: Besonders ölige Hautpartien nach der Reinigung mit einem Gesichtswasser abtupfen, um den pH-Wert der Haut zu stabilisieren.

MAKE-UP

Dicke Make-up-Cremes wirken auf Mischhaut schnell fleckig.
Besser: eine leichte getönte Tagescreme, sogenannte Öl-in-Wasser-Emulsionen, die wenig Fett, aber viel Feuchtigkeit enthalten. Fettige Partien mit Puder mattieren.

Pflege für trockene Haut

Eigentlich beneidenswert, die Pubertät ohne Pickel zu überstehen. Häufig sorgen die Hormone jedoch für das Gegenteil und du klagst über trockene, juckende, spannende Haut, weil die Talgdrüsen nur auf Sparflamme arbeiten.

WISCH & WEG

Eine milde Waschcreme ohne Alkohol sorgt dafür, dass der Haut nicht noch mehr Fett entzogen wird. Am besten mit lauwarmem Wasser abwaschen und das Gesicht danach ganz sanft mit einem Handtuch trockentupfen. Pflanzenöle wie Traubenkernöl in Tagescremes machen die Haut geschmeidig und kitten undichte, rissige Stellen in der Hornschicht.
Achtung: Auf Zusätze wie Düfte, Farbstoffe oder Konservierungsmittel besser verzichten.

MAKE-UP

Spezielle Grundierungen für trockene Haut enthalten pflegende, feuchtigkeitsspendende Substanzen.
Perfektes Finish: Puder nur ganz leicht mit einem Pinsel über das Gesicht stäuben und nicht einklopfen, sonst wirkt der Teint schnell wie »abgeblättert«.

Make-up: Weniger ist mehr

Gerade bei Hautproblemen reizt es, kräftig in den Farbtopf zu greifen und Pickel oder Pustel einfach wegzuschminken. Dabei passiert es schnell, dass die eigene Persönlichkeit gleich mit übermalt wird und statt einer makellosen Beauty-Queen ein maskenhaftes Alien entsteht.
Tipp: Setz statt auf dicke Abdeckcremes lieber auf deine Ausdrucksfähigkeit. Wer seine schönen Augen mit etwas Mascara betont oder seine vollen Lippen mit einem leichten Gloss in Szene setzt, lenkt ganz locker von Unreinheiten ab.

NATURAL BEAUTY

Pflegende Masken regenerieren die Haut und sorgen für einen frischen, entspannten Teint. Auch Vitamine kannst du als Schönmacher nutzen. Und: Für diese Schönheitspflege musst du nicht mal tief in die Tasche greifen. Das meiste, was du dafür brauchst, findest du zu Hause im Küchenschrank oder kannst du für wenig Geld im Supermarkt um die Ecke besorgen. Das Beste: Du kannst dabei voll auf Natürlichkeit setzen.

Masken zum Selbermachen

Trauben-Power gegen fettige Haut

Du brauchst: 6 Trauben, 1 Teelöffel Honig, 1 Teelöffel Tagescreme

So geht's: Den Saft der Trauben mit einem Mörser in einem Schüsselchen ausdrücken. Saft durch ein Sieb geben und mit dem Honig und der Tagescreme verrühren. Auf das Gesicht auftragen und 15 Minuten lang einwirken lassen. Mit lauwarmem Wasser abspülen.

So wirkt's: Traubensaft ist wie ein sanfter Schutzmantel für die Haut. Honig enthält Zucker, der überschüssige Feuchtigkeit bindet. Außerdem pusht Honig die Durchblutung für eine porentiefe Reinigung.

Avocado-Power gegen trockene Haut

Du brauchst: 1 Avocado, 1 Teelöffel flüssiger Honig, 1 Teelöffel Hamameliswasser (aus der Apotheke), 1 Teelöffel Apfelessig, 1 Eigelb, 3 Esslöffel Olivenöl.

So geht's: Avocado mit einem Messer teilen und das Fruchtfleisch einer Hälfte mit einem Teelöffel herausschälen. Mit dem Honig mischen und das Hamameliswasser sowie den Apfelessig unterrühren. Eigelb mit einer Gabel schaumig schlagen und in die Masse einrühren. Nach und nach Olivenöl zugeben und zum Schluss mit dem Handrührgerät kurz aufschlagen. Auftragen, 15 Minuten einwirken lassen und mit viel lauwarmem Wasser abwaschen.

So wirkt's: Avocados schützen die Haut wegen ihrer reichhaltigen Öle vor dem Austrocknen. Der milde Frucht-Extrakt ist perfekt für die Pflege von empfindlicher Haut. Hamamelis wirkt ausgleichend auf den Säureschutzmantel und macht die Haut widerstandsfähig gegen negative Umwelteinflüsse wie trockene Heizungsluft oder starke Ozonbelastung im Sommer.

Mix it – bei Mischhaut

Neigt deine Haut zu öligen, fettigen Partien auf der T-Zone und trockeneren Stellen im Wangenbereich, mischst du dir einfach beide Masken und trägst sie je nach Bedarf auf die entsprechenden Hautstellen auf.

Kosmetikstudio Küche

Natürlich-schön pflegen kannst du dich mit einem Blick in den Kühlschrank. Obst, Gemüse und Honig sind wahre Wundermittel in Sachen Beauty.
Hier erfährst du, warum diese Köstlichkeiten als Basics der auf den vorhergehenden Seiten beschriebenen Rezepte oder auch solo aufgetragen Wunder wirken.

* **Avocados:** pflegen empfindliche Haut streichelzart und schützen vor dem Austrocknen.

* **Aprikosen:** sorgen für ein feineres Hautbild und lindern Knitterfältchen. Perfekt für trockene Hautpartien.

* **Honig:** superreich an Stoffen, die Haut und Haare geschmeidig halten. Honig wirkt außerdem straffend, gibt der Durchblutung einen Kick und beschleunigt den Abtransport von Schlacken.

* **Äpfel und Trauben:** glätten die Haut und sorgen für extra viel Feuchtigkeit.

* **Bananen:** geballte Vitaminpower. Mineralstoffe und Spurenelemente wirken perfekt als Grundlage für Masken.

Vitamine – zum Anbeißen schön

In leckerem Obst und knackigem Gemüse steckt nicht nur Gesundheit, sondern auch jede Menge Beauty-Power. Einfach reinbeißen!

Vitamin A

Dieses Vitamin ist die Schutzpolizei gegen täglich rund 10.000 Angriffe von Freien Radikalen auf unsere Zellen. Vitamin A stimuliert zusätzlich die Neubildung von Hautzellen und kann so auch gegen Akne wirken.
Vitamin-A-Bomben: Möhren, Spinat, Kürbis, Papaya, Grünkohl, Brokkoli.

Vitamin C

Das Supervitamin sorgt dafür, dass deine Haut nicht austrocknet und vor Sonne und Kälte geschützt ist. Vitamin C gilt außerdem als echter Cellulite-Killer. Bereits dreißig Minuten nach einer Vitamin-C-reichen Mahlzeit setzt der Push für das Bindegewebe ein: Die Kollagenproduktion wird bis um das Sechsfache angekurbelt!
Vitamin-C-Bomben: Holunderbeeren, Kiwi, Orangen, Brokkoli, Erbsen, Kohlrabi, Spargel.

Vitamin E

Dafür, dass die Haut so richtig durchatmet, sorgt das Vitamin E. Es verhilft somit zu einem frischen, rosigen Teint.
Vitamin-E-Bomben: Distelöl, Sonnenblumenöl, Mandeln, Margarine.

Vitamin D

Das Sonnenvitamin braucht Licht, um richtig in Fahrt zu kommen. Dann kurbelt es die Bildung von Hormonen für eine gesunde Haut kräftig an.
Vitamin-D-Bomben: Heringe, Makrelen, Vollkorngetreide, Eier.

Top Tipps für Vitamin-Power

Hartfaseriges Gemüse wie Möhren, Kürbis und Co immer klein stampfen oder pürieren, damit Vitamin A besser freigegeben wird.
Ein paar Tropfen Sonnenblumen- oder Olivenöl zu Rohkost und Gemüse machen den Vitaminen Dampf, um schnell in die Zellen zu gelangen.
Sport und Stress erhöhen den Vitamin-Bedarf.
Verwende Vollkornprodukte, denn Vitamine verstecken sich am liebsten in Keimlingen und Schalen von Getreide.
Vitamine – allen voran B5 (in Hering, Vollkornprodukten und verschiedenen Kohlsorten) – machen nicht nur schön, sondern auch fit und schlank, weil sie die Fettverbrennung ankurbeln.

PARTY-ALARM

Die Fete des Jahres steht vor der Tür oder du hast endlich ein Date mit deinem Schwarm – und ausgerechnet jetzt sprießt ein fieser Pickel, nerven Augenränder, verrät ein fleckiger Teint deine Nervosität oder die Haare machen einfach schlapp. Kein Grund, sich die Laune verderben zu lassen, denn mit dieser Hitliste der Quick-Tipps für einen schönen Teint und eine tolle Frisur kann zumindest optisch nichts danebengehen.

Quick-Tipps für gutes Aussehen

Total nervös? Erste Hilfe gegen **hektische Flecken** verspricht ein Wattepad, das du in kaltes Wasser mit einem Schuss Essig tauchst und rote Stellen damit abtupfst.

Pickel-Wunder: Mit einem Spritzer Augentropfen gegen Bindehautentzündung verschwinden Pickel-Rötungen auf der Stelle. Wirkt auch Wunder: Zahncreme auf entstehende Pickel tupfen – das trocknet sie blitzschnell aus.

In Deckung gehen **Augenschatten** mit Hilfe von hellblauem Lidschatten. Einfach mit Tagescreme mischen und unter den Augen einklopfen. Anschließend Make-up auftragen.

Eine Abreibung erhält ein **blasser, müder Teint** mit Zitrus-Power. Gesicht mit einer frischen Zitronenscheibe abtupfen.

Schluss mit **Schwitzehänden** macht ein Bad in Salbeitee. Hände eine Viertelstunde darin eingetaucht lassen.

Fettiger Haaransatz und keine Zeit mehr zum Waschen? Wie eine frische Spritztour wirkt Shampoo und Wasser, das du zu gleichen Teilen in einem Zerstäuber mischst. Auf den Haaransatz aufsprühen, einmassieren, auswaschen, fertig!

Gegen **geschwollene Augen:** Wattepads mit kalter Milch tränken und auf den geschlossenen Lidern fünf Minuten einwirken lassen.

Verlockend: Für richtig **schöne Wellen** in wuscheliger Naturkrause Haare vor dem Baden in Strähnen auf Kosmetiktücher rollen. Der warme Wasserdampf formt ganz fix die Frisur. Vor dem Ausrollen noch kurz drüberföhnen.

Auf die Schnelle **strahlende Augen** bekommst du mit einem pearligen Lippenpflegestift, den du einfach auf die Lider tupfst.

Für **Fülle in schlappen Mähnen** sorgt eine mittelstarke Zahnbürste, mit der du Strähne für Strähne locker aufbauschst.

WELLNESS FÜR BODY & SOUL

So tankst du auf

Ein Rundum-Wohlfühl-Programm für zu Hause sorgt nicht nur für eine glückliche Ausstrahlung, sondern auch für innere Ausgeglichenheit. Und es tut einfach gut, die Seele baumeln zu lassen. Probier es doch mal aus! Wie, das steht in diesem Kapitel.

GLÜCKSBRINGER FÜR NASE, AUG UND OHREN

Die Balance zwischen Body und Soul ist einer der wichtigsten Garanten für ein gesundes Selbstbewusstsein, das jeder sieht. Manchmal genügt schon eine kurze Auszeit, um einem angeknacksten Ego oder Körpergefühl wieder auf die Sprünge zu helfen. Mit ganz einfachen Mitteln kannst du ein perfektes Ambiente schaffen, damit deine Seele mal so richtig durchatmen kann. Dabei helfen dir alle Sinne.

Fit durch Farben

Alles schwarz malen, bei Panik rotsehen oder die ganze Welt verliebt durch eine rosarote Brille betrachten – ganz klar, Farben sind echte Stimmungsmacher und beeinflussen unsere Gefühle. Das kannst du auch dir und deinem Selbstbewusstsein zu Nutze machen. Mit den Farben Orange, Rot, Gelb und Violett gibst du ganz bewusst den Ton für eine Top-Ausstrahlung an.

Orange
Orange wirkt spritzig, lebendig und sorgt trotzdem für eine warme, gefühlvolle Ausstrahlung. Perfekt gegen schlechte Laune und Schlappheit wirkt orangefarbenes Licht in deinem Zimmer. Setzt du bei deinem Look auf Orange, strahlst du auf andere Ruhe aus, wirkst offen und zuverlässig. Ein orangefarbenes Outfit sorgt außerdem dafür, dass dir niemand Nervosität oder Unsicherheit auf den ersten Blick ansieht.

Rot
Rot ist das Signal für Liebe und Leidenschaft. Diese Farbe bringt außerdem den Kreislauf in Schwung und fördert die Durchblutung. Ein rot geschminkter Kussmund, Accessoires oder Outfits in Rot signalisieren: Du bist hellwach und voller Energie.

Gelb

Gute Laune und Lebensfreude pur, dafür steht Gelb. Wenn du wie ein Sonnenschein wirken und so richtig freundlich rüberkommen willst, ist Gelb deine Farbe. Super gegen Müdigkeit und Niedergeschlagenheit wirkt deshalb auch ein Spaziergang in der Sonne. Gelbe Bettwäsche oder gelbe Blumen bringen ebenfalls Licht in graue Tage. Ganz trendy: In coolen Sonnenbrillen mit gelben Gläsern tauchst du gleich die ganze Welt in die Happy-Farbe.

Violett

Violett ist der ausgeglichene Mix aus heißem Rot und kühlem Blau. Kuscheln mit einem violetten Couchkissen kann dich deshalb gleichzeitig beleben und beruhigen. Ein Brief auf violettem Papier wirkt harmonisch und liebevoll. Ein violettes Top wirkt nach außen wie ein Energy-Booster und lässt Unsicherheiten unter der Power-Farbe einfach verschwinden.

Eine Reise für die Sinne

Niedergeschlagen, schlecht gelaunt, ausgepowert und alles in allem reif für die Insel? Aber leider ist der nächste Urlaub noch weit entfernt. Dann tricks deine Psyche aus und schick sie in die Ferien. So wirst du schnell wieder putzmunter:

Baden statt Beach: Ab in die Wanne und in einem wohligen Bad mit Meersalz (Drogeriemarkt) von den Ferien träumen.

Sonnenfeelings: Statt normaler Bodylotion nach der Dusche einfach mit Sonnenmilch eincremen und danach ab auf die Couch, um mit den Urlaubsbildern in schönen Erinnerungen zu schwelgen.

Happiness zum Hören: Leg doch mal wieder die CD mit den angesagtesten Urlaubssongs auf und tanz deine schlechte Laune einfach weg. Auch super: Hol dir die Klänge deines Lieblingsurlaubslandes einfach nach Hause. Musik aus allen Teilen der Welt gibt es in jedem CD-Shop und in den Wellness-Regalen zahlreicher Drogeriemärkte.

Immer der Nase nach

Den richtigen Riecher für ein gesundes Selbstwertgefühl, Ausgeglichenheit und Body-Balance beweisen schlaue Mädchen mit einem Schnupperkurs. Denn die Nase ist der direkte Wegweiser in die gute Laune.

Ein paar Tropfen eines Aromatherapie-Öls in der Duftlampe oder in getrockneter Form als Badezusatz können fürs Wohlbefinden wahre Wunder wirken. Verantwortlich dafür ist der direkte Draht von etwa zehn Millionen Riechzellen in der Nase zum limbischen System im Gehirn. Hier sitzt die menschliche Glückszentrale, die bei der Wahrnehmung bestimmter Gerüche gute Gefühle auslöst. Das wussten die Menschen sogar schon zur Zeit der alten Hochkulturen in Griechenland oder Ägypten, wo man sich mit Pflanzenessenzen einbalsamierte und diese zur Heilung von Krankheiten verwendete. Pflanzenpower kannst du auch für deine Psyche einsetzen, denn gegen beinahe jede Art von »Unwohlsein« ist ein Kraut gewachsen.

Dufte Verbindung

Ätherische Öle wirken in Duftlampe und Badewasser. Für die Duftlampe gilt: drei bis vier Tropfen in die mit Wasser gefüllte Duftschale geben. Für ein Vollbad 100 Gramm der getrockneten Blüten in einem Liter Wasser aufkochen, fünf bis zehn Minuten ziehen lassen und dann ins Badewasser gießen. Öle und getrocknete Blüten kannst du in Apotheken, Drogeriemärkten und Reformhäusern kaufen.

Lavendel

Die getrockneten Blüten des duftenden Mittelmeer-Strauchs vertreiben nicht nur Plagegeister wie Motten, sondern auch Stress. Lavendelduft wirkt wie ein natürliches Doping, wenn deine Höchstleistung beim Lernen gefordert ist. Im Wohlfühlbad entspannt es und befreit von Stresskopfschmerzen.

Bergamotte

Panik vor dem Referat in der Schule, Lampenfieber vor dem Auftritt mit der Theatergruppe, Angst vorm ersten Date? Dann hilft der Stimmungsaufheller Bergamotte. Praktisch: Als Gesichtskompresse (ein bis zwei Tropfen auf ein angefeuchtetes Wattepad) putzt Bergamotte nicht nur die Seele aus, sondern wirkt auch entzündungshemmend bei Akne.

Ylang-Ylang

Asien-Power für Verliebte. Ylang-Ylang gilt als erotisierender Duft und ist oft Bestandteil von Parfums. Gemischt mit Bergamotte und Zitrone in der Duftlampe sorgt Ylang-Ylang für entspannende, angenehme Vibrations bei dir und deinem Schwarm, wenn er dich das erste Mal zu Hause besucht.

Orange

Frühlingsgefühle selbst im Winter verschaffst du dir mit Orangenduft. Wenn du gerade kein Öl zur Hand hast, einfach an der Innenseite der Schale einer Orange schnuppern oder damit die Schläfen und Handgelenke einreiben.

Lemongras

Der Muntermacher unter den Düften bringt dich richtig in Laune für Action mit der Clique. Die anregende Wirkung des Zitrusduftes kannst du auch perfekt vor einer Klassenarbeit einsetzen, indem du einfach an einem mit Lemongras beträufelten Taschentuch schnüffelst.

WOHLFÜHL-FORMEL H_2O

Ab und zu einen Wellness-Tag zu Hause einlegen und in der Badewanne schwelgen wirkt wie eine prickelnde Erfrischung für ein angeknackstes Selbstwertgefühl und vertreibt dunkle Sorgenwolken im Nu. Am meisten Spaß macht das mit der besten Freundin. Gemeinsam über Gott und die Welt quatschen, Probleme wälzen und dabei noch das eine oder andere Wohlfühl-Rezept für neue Psycho-Power ausprobieren muss dabei nicht mal Geld kosten.

Waterpower

Wasser gilt nicht umsonst als Lebenselixier. Hier sind die Fakten für das frische Nass:

* Unser Körper besteht zu 70 Prozent aus Wasser.

* Wasser hält alle lebenswichtigen Funktionen aufrecht.

* Zwei Drittel der Flüssigkeitsmenge unseres Körpers befinden sich in den Zellen. Der Rest fließt als Blut und Lymphe durch den Organismus und sorgt für Nährstoffe oder den Abtransport von Schadstoffen.

* Bereits bei einem Flüssigkeitsverlust von zwei Prozent sinkt die Leistungsfähigkeit um ein Zehntel. Verliert man vier Prozent Flüssigkeit, ist man sogar nur noch halb so leistungsfähig.

* Mindestens zwei Liter an Flüssigkeit braucht der Körper über den Tag verteilt. Im Sommer oder nach einem ausgiebigen Fitnessprogramm ist es auch erlaubt, »einen über den Durst« zu trinken.

* Mineralwasser oder ungesüßte Tees sind die besten Durstlöscher.

* Auch Obst und Gemüse sind gute Wasserlieferanten. Papayas und Erdbeeren enthalten knapp 89 Prozent Wasser. Gurken (97 Prozent), Chinakohl (95 Prozent) und Kopfsalat (95 Prozent) führen die Hitliste der grünen Wasserspender an.

Glücksraum Badezimmer

Lust auf Plantschen? Ganz in deinem Element bist du, wenn du mit deiner Freundin ein Bad nimmst und diese Wohlfühl-Tipps ausprobierst:

Im Whirlpool Probleme wälzen

Ab in die Wanne: Statt am Telefon zu quatschen, geht doch lieber zu zweit auf Wohlfühl-Tauchstation. Perfekt plaudern lässt es sich in der heimischen Badewanne, die du ganz locker in einen Wellness-Whirlpool verwandeln kannst. Einfach eine prickelnde »Badebombe« (in Kaufhäusern, ab 2 Euro) ins Wasser geben und die gute Laune sprudelt wieder wie von selbst.

Shower-Power

Für ein angeschlagenes Immunsystem oder wenn eine Erkältung die Stimmung drückt, einfach gegenseitig unter der Dusche mit lauwarmem Wasser fünf Minuten abspritzen. Danach 15 Sekunden mit eiskaltem Wasser, dann wieder drei Minuten mit warmem Wasser und zum Schluss wieder eisig. So zeigst du jeder Grippe schnell die kalte Schulter.

Rubbel-Kur

Mit einem Luffa-Handschuh oder einer Badebürste könnt ihr euch gegenseitig den Rücken abrubbeln. Damit werden nicht nur abgestorbene Hautschüppchen entfernt, sondern der Kreislauf kommt auch richtig in Schwung. So wirst du putzmunter und tankst Energie für alles, was du dir vorgenommen hast.

Balsam für die Seele

Fernöstlicher Entspannungshit: Aus der traditionellen Ayurveda-Medizin kommt die Massage mit warmem Sesamöl (zu kaufen in gut sortierten Supermärkten oder im Asia-Shop) als Finish eines wohligen Bades. Sesamöl auf Körperwärme (37 Grad) erhitzen und den Body von Kopf bis Fuß damit einreiben. Relaxt und streichelt jeden Durchhänger einfach weg.

Fußfit

Keine kalten Füße musst du bekommen, weil am Abend nach deinem Wellness-Tag noch die Party mit deinem Schwarm lockt. Einfach ein paar Minuten mit den Füßen in einer Schüssel mit lauwarmem Wasser feste treten und damit Stress und Panik einfach in Grund und Boden stampfen.

Ein Entspannungswunder ist auch eine Fußmassage von der besten Freundin. Kuschle dich auf die Couch, während sie mit sanftem Druck deine Fußsohlen bearbeitet. Selbst so eine Mini-Massage gilt als Streicheleinheit für die Seele, denn sie setzt im Körper das Hormon Oxytocin frei, das Stress und Angst mindert. Wichtig: Entscheidend für den Erfolg einer Massage ist die Reizhäufigkeit von 40 Berührungen in der Minute. Das hat zumindest die Stockholmer Berührungsforscherin Kerstin Unväs-Moberg herausgefunden.

Nasser Schönmacher

Wasser macht nicht nur Laune, sondern auch schön. Probier es doch einfach mal aus!

Frische-Flash für Haut und Haare

Auch äußerlich muntert dich Wasser schnell auf. Schlappe Mähnen kommen mit einer Mineralwasserspülung wieder in Schwung. Einfach einen Liter über die frisch gewaschenen Haare gießen und auf der Kopfhaut kurz einmassieren.
Sich kaltes Wasser ins Gesicht klatschen sorgt für einen rosigen Teint und wirkt als idealer »Durstlöscher« bei trockener Gesichtshaut.

Abreibung für Orangenhaut

Fiese Cellulite-Dellen auf den Oberschenkeln bekommst mit einem Cool-Pack aus dem Kühlschrank schnell in den Griff. Haut nach dem Duschen fünf Minuten abreiben. Der Kälte-Kick funktioniert auch mit Eiswürfeln, die du in ein Handtuch wickelst.

FITNESS FÜR DEIN FEELING

Sport ist nicht nur perfekt, um den Body in Form zu bringen. Auch deine Psyche ist schnell topfit, weil Bewegung für die Freisetzung von Glückshormonen sorgt. Das Kräftemessen beim Volleyballspielen mit Freunden oder wildes Herumtoben im Freibad kann so richtig Laune machen. Aber auch Einzelkämpfer können mit Sport abschalten und Stress abbauen.

Damit du im Dschungel der Fitnesstechniken zurechtkommst und dein persönliches Power-Programm findest, verrät dir der Test auf der nächsten Seite, welcher Fitnesstyp du bist.

Welcher Sport tut dir gut?

Beantworte die Fragen und lies unter der Auswertung nach, welcher Sport für dich die Nummer eins ist.

1 Sportunterricht in der Schule bedeutet für dich ...
A ... eine willkommene Abwechslung.
B ... noch so ein Fach, wo man benotet wird.
C ... vor allem Spaß und dabei auch mal in Ruhe mit den Freundinnen quatschen können.

2 Hinter dem Begriff Qi-Gong steckt ...
A ... vermutlich so was Langweiliges wie Yoga.
B ... eine asiatische Entspannungstechnik.
C ... ein chinesisches Glockenspiel.

3 Unter einem Traumurlaub verstehst du ...
A ... Flirten, Action und Fun am Strand.
B ... jede Menge cooler Animation mit Aqua-Gym, Beach-Volleyball und Wasserskifahren.
C ... Relaxen am Strand.

4 Welche Sportart macht dir am meisten Spaß oder könnte dich am ehesten begeistern?
A Speed-Schwimmen
B Power-Jogging und Inline-Skaten
C Biken oder Walken

5 Wenn du Sport treibst, willst du dich ...
A ... richtig auspowern und Stress abbauen.
B ... in Form bringen.
C ... entspannen.

Auswertung

Gib dir für jede A-Antwort einen Punkt, für jede B-Antwort drei Punkte und für jede C-Antwort fünf Punkte. Zähle die Punkte zusammen und du findest dein persönliches Test-Ergebnis unter der errechneten Punktzahl.

5 bis 11 Punkte

Du gehörst zu den Quicksteppern unter den Sportlern. Bei dir sollte alles schnell und effektiv funktionieren. Ganz fix was für die Figur und die Fitness tun, ist dein Prinzip. Mit Sportarten wie regelmäßigem Joggen oder Walken kommst du deshalb überhaupt nicht klar, weil für dich wichtig ist, dass du nach deinem persönlichen Trainingsprogramm spürst, dass du etwas für dich und deinen Körper getan hast. Am besten fließt dabei der Schweiß in Strömen und jeder Muskel meldet schmerzhaft sein Vorhandensein. Perfekt für dich ist deshalb eine Mitgliedschaft in einem Turnverein oder einem Fitnessstudio, wo du dich bei Power-Aerobic oder Spin-Wheeling (schnelles Radfahren nach noch schnellerer Musik) so richtig austoben kannst.

12 bis 18 Punkte
Ausdauer und Disziplin gehören für dich beim Sport genauso dazu wie das Müsli zum Frühstück. Du bist ein echter Langstreckler und ziehst deshalb auch gnadenlos dein Jogging-Programm durch, skatest bis zum Abwinken oder fährst Fahrrad, bis die Waden puddingweich sind. Ganz wichtig für dich: Du musst raus an die frische Luft, um dich fit zu halten. Wenn das Wetter dir einen Strich durch die Rechnung macht, bau einfach mal dein Zimmer zum Fitnessstudio um und turn dir am Schreibtisch, Sessel oder auf der Couch die Muskeln müde. Super für Langstreckler sind Hometrainer oder Mini-Trampolins, auf denen du dich zwischendurch auspowern kannst und dabei nicht einmal deine Lieblingssoap im Fernsehen verpassen musst.

19 bis 25 Punkte
Okay, eine richtige Sportskanone wird aus dir wohl nie werden. Aber das willst du auch gar nicht. Was du brauchst, sind effektive Fitnessübungen, die dir keine Zeit rauben für all die Dinge, die du viel lieber machst. Um trotzdem in Topform zu bleiben, ist Power-Walking für dich echt ideal. Wenn du einen schnellen Spaziergang sogar noch mit einem guten Gespräch mit deiner besten Freundin verbinden kannst, bist du ohnehin in Höchstform. Perfekt für dich sind aber auch kleine Übungen, die du zu Hause ganz nebenbei mal machen kannst und die dich trotzdem mit neuer Energie versorgen. Abgesehen davon bist du ein echtes Sommerkind und liebst ausgelassenes Toben im Schwimmbad mit deiner Clique: Weil du so überhaupt nicht merkst, dass du neben dem Spaß auch deinen Body mit einer Extraportion Bewegung versorgst. Tipp: Auch im Winter öfter ins Schwimmbad gehen!

Depri-Killer Sport

Regelmäßige sportliche Betätigung ist ein wirksames Mittel gegen Durchhänger. Das hat eine Studie von US-Wissenschaftlern ergeben. Darin bewiesen sie, dass eine Gruppe von Menschen, die an Depressionen erkrankt waren und dreimal in der Woche Sport machten, langfristig auf ihre Medikamente verzichten konnten. Zusätzlich ist erwiesen, dass bei regelmäßiger Bewegung Glückshormone, die Endorphine, freigesetzt werden. Das in den Endorphinen enthaltene Morphin macht dich dabei cool gegenüber Stress und Sorgen, weil es die Körpertemperatur senkt und das Schmerzempfinden herabsetzt.

Gute-Laune-Gymnastik

Den Body sanft straffen und dabei eine Extraportion Energie tanken – das funktioniert auch mit Fitnessübungen ganz auf die Schnelle. Aus der asiatischen Lehre der Chakren (übersetzt: Energiewirbel) stammt die Weisheit, ganz bestimmte, über den Körper verteilte Energiezentren mit Bewegung anzuregen. Dadurch kommt der Energiefluss wieder in Gang. Organe und Körperfunktionen werden positiv beeinflusst, so die Lehre.
Hier findest du die besten Übungen, die dich ganz fix fit machen.

Power-Pinsel

Startposition: Aufrecht auf die Zehenspitzen stellen, tief einatmen und die rechte Hand nach oben ausstrecken, die linke Hand auf den Oberschenkel legen. **Übung:** Stell dir vor, du willst die Wand in deinem Zimmer streichen. Bewege zunächst den rechten Arm von oben ganz langsam zum Fußboden, wobei du immer tiefer in die Knie gehst. Der Rücken bleibt dabei gerade. Deine Augen folgen konzentriert der Bewegung. Rechts und links je fünf Wiederholungen.

Vogelwild

Startposition: Mit seitlich ausgestreckten Armen und hüftbreit gegrätschten Beinen hinstellen. Kopf in den Nacken legen.
Übung: Arme langsam über den Kopf nach hinten bewegen, ohne dabei ins Hohlkreuz zu fallen. Arme nach unten fallen lassen und nach vorne schwingen, bis sich die Handflächen überkreuzen. Kopf dabei nach vorne Richtung Brustbein senken. Zehnmal wiederholen.

Dance-Babe

Ausgangsstellung: Po und Bauchmuskeln anspannen und Beine hüftbreit grätschen. Hände in der Taille abstützen. Linken Fuß auf die Zehenspitzen stellen.
Übung: Mit dem Becken nach links fünf große Kreisel drehen. Mit der rechten Seite wiederholen. Vorsicht: Bei der Übung darauf achten, dass sich nur das Becken dreht und nicht der Oberkörper. Fünf Wiederholungen pro Seite.

BAUCH-FEELING

Aus dem Bauch heraus entscheiden ist mehr als nur eine Redensart und gehört zu selbstbewusstem Handeln wie der Ketchup zu den Pommes. US-Wissenschaftler haben entdeckt, dass sich in unserem Verdauungsapparat eine Menge mehr abspielt als nur die Nahrung in Energielieferanten für unsere Körperzellen zu verwandeln. Mit dem richtigen Bauchgefühl kommen auch Body & Brain in Bestform, weil sich in der Magengegend ein konzentriertes Nervenzellen-Netzwerk befindet. Als Bauchhirn arbeitet es wie eine zweite, kleine Schaltzentrale für unseren Körper.

Kein Wunder, dass Mädchen, wenn sie der Kummer quält, über Bauchweh klagen. Ganz einfach, weil jede seelische Belastung das Zusammenspiel zwischen Bauch und Body stört. Dass dies nicht zum alltäglichen Balanceakt wird, dafür sorgt ein kleines Psychotraining für den Bauch.

Bauchfit

Stress wegtrommeln

Entspannt hinstellen, Augen schließen, tief einatmen. Zwei Finger der linken Hand auf das Brustbein legen, zwei Finger der rechten Hand unterhalb des Brustbeins platzieren. Jetzt mit den Fingern feste für 20 Sekunden lostrommeln. Das aktiviert die so genannte Thymusdrüse, die für die Ausschüttung von Wohlfühlhormonen verantwortlich ist.

Super Relax-Effekt: Der Kalziumspiegel im Blut steigt an, du fühlst dich entspannt und beruhigt.

Am Drücker der guten Gefühle

Auf dein Bett oder eine Fitnessmatte legen, die Augen schließen und die Fingerspitzen auf den Bauchnabel legen. Tief einatmen und dann für zwei Sekunden Finger andrücken, loslassen, ausatmen. 20-mal wiederholen. Bei dieser Übung regst du das Energiezentrum an, das direkt über dem Bauchnabel liegt.
Genial: Auf Fingerdruck pushst du deinen Körper für konzentriertes Arbeiten auf Höchstform und entspannst gleichzeitig deine Nerven. Ideal vor Klassenarbeiten, Referaten oder dem Date mit deinem Schwarm.

Abreibung

Am besten gleich morgens nach dem Aufstehen: mit einem Frotteehandschuh in kreisenden Bewegungen um den Bauchnabel herum die Haut richtig durchrubbeln. Fördert die Durchblutung und weckt die Lebensgeister deines Energiezentrums im Bauch. Positiv: Die Rubbelkur wirkt wie ein Kick für den Stoffwechsel und bringen deine bodyeigenen Fitness-Hormone richtig auf Touren.

Happy Food

Dass Schokolade ein echter Seelentröster ist, eine Tüte Chips so manche Trübsal in die Flucht schlägt, die Familienbox Eiscreme wieder cool macht und Gummibärchen keinen Kummer weitererzählen, weil du sie samt Sorgen einfach runterschluckst, ist bekannt. Wenn nach der Kalorien- und Zuckerschlacht sich nur nicht das schlechte Gewissen melden und spätestens bei einem Blick auf die Waage die Laune noch mehr in den Keller rauschen würde. Schluss damit, denn Happiness kannst du auch ganz gesund essen. Die Gesellschaft für Ernährungsmedizin und Diätik in Aachen hat bewiesen, dass vor allem kohlenhydratreiche Lebensmittel voller Wohlfühlgenüsse stecken und Stimmungstiefs aufhellen.

Exoten mit Psycho-Power

Wenn du an dir selbst zweifelst und mies drauf bist, heißt es hier zugreifen: Exotische Früchte wie Bananen, Feigen, Papayas, Ananas und Avocados stecken prallvoll mit bioaktiven Substanzen, Vitaminen und Mineralstoffen, die auf einen Biss die gute Laune gleich mitliefern. Der Trick: Die Exoten enthalten den Botenstoff Serotonin, den Auslöser guter Gefühle.

Damit knackst du jede harte Nuss

Wenn Kummer und Sorgen an dir nagen, ist Naschen erlaubt. Cashewkerne, Paranüsse und die gute alte Haselnuss enthalten die Aminosäure Tryptophan, die im Gehirn ganz auf happy schaltet.

Nervennahrung

Zusätzlich zu Botenstoffen sorgen auch die B-Vitamine für beste Laune. Auf deinen Speiseplan der guten Gefühle solltest du deshalb folgende Lebensmittel setzen:

- Fisch
- Mageres Fleisch
- Milch
- Käse
- Quark
- Geflügel

Tipp: Diese Infos überzeugen mit Sicherheit deine Eltern. Denn egal, ob deine Mutter oder dein Vater die Kochmütze aufhat, sie wollen garantiert auch fit für die Familie oder den Job sein.

Stimmungseinheizer Hot Chocolate

Perfekt gegen jeden Psycho- und Body-Blues wirkt heiße Schokolade mit einem scharfen Schuss Chili-Power.

Zutaten für zwei kleine Tassen: 300 ml Milch, 15 g ungesüßten Kakao, 1 rote Chilischote, 2 Esslöffel Honig, 1 Esslöffel Mandelmus (aus dem Reformhaus).

So geht's: Milch erhitzen und Kakaopulver mit dem Schneebesen einrühren, bis es sich aufgelöst hat. Chilischote halbieren, entkernen und eine Hälfte in feine Streifen schneiden. Die Streifen mit Honig und Mandelmus zum Kakao geben und kurz verrühren. Kakao durch ein Sieb in große Tassen geben, fertig.

Chili-Power

Der kleine rote Alleskönner macht in puncto guter Laune richtig scharf. Capsaicin heißt der Wunderstoff, der in den frechen Schoten steckt und den Stoffwechsel richtig auf Touren bringt. Und nebenbei ersetzt ein Chili-Drink oder eine heiße Chilisuppe bei Erkältungen den Hustensaft. Tipp: Wer es nicht ganz so hitzig mag, entfernt einfach die Kerne. Damit sind der Feuerschote die Reißzähne gezogen.

Beeren-Kräfte

Heidelbeeren gelten als echte Kraft-Kügelchen, die knackvoll mit der Gute-Laune-Aminosäure Tryptophan stecken. Erfrischender Fitmacher ist ein Heidelbeer-Drink mit Molke und Joghurt.

Zutaten: 250 ml Molke, 150 g Naturjoghurt, 100 g Heidelbeeren.

So geht's: Molke und Naturjoghurt miteinander verrühren, die Beeren unterheben und im Mixer fein pürieren.

DER SCHNELLSTE WEG ZUM EGO

Selbstbewusstsein lernen

Wer sich wohl in seiner Haut fühlt, muss nicht gleich überschnappen und sich für die Schlauste, die Schönste oder die Coolste halten. Aber eine gesunde Portion Selbstbewusstsein gehört dazu, um gut drauf zu sein. Wie du deine Unsicherheiten in den Griff bekommst, erfährst du in diesem Kapitel.

NIE MEHR SCHÜCHTERN!

Manchmal steckt hinter einem mangelnden Selbstwertgefühl gar nicht, dass man unter nagenden Selbstzweifeln leidet oder mit seinem Ego nicht im Reinen ist. Oft ist einzig und allein der Stress mit der Schüchternheit schuld, warum ein Mädchen sich nicht traut seinen Schwarm anzuquatschen oder seine eigene Meinung in der Klasse zu sagen. Dabei haben Schüchterne meist gar keinen Grund, sich zu verstecken.

Damit du dein positives Körperfeeling auch nach außen zeigen kannst, hilft dir ein kleines Anti-schüchtern-Training – ganz nach dem Motto »Learning by Doing«. Probier es doch einfach mal aus.

Psycho-Highlights für Schüchterne

Von wegen graue Maus: Auch wenn du nicht als Party-Queen rüberkommst und deine Clique ständig mit atemberaubenden Action-Ideen verwöhnst, gehst du noch lange nicht als No-Name unter. Psychologen haben bewiesen, dass schüchterne Menschen bei ihrem Gegenüber besser ankommen, als auf den ersten Blick deutlich wird. Schüchterne Menschen gelten als selbstkritisch und eher bereit, ihr Gegenüber ernst zu nehmen. Dadurch wirken sie freundlich und intelligent.

Schluss mit schüchtern

Wer sich nicht traut, macht auch keine schlechten Erfahrungen. – Leider ist es so einfach nicht, denn wer immer die Begegnung mit Fremden vermeidet, nie auf andere zugeht oder zu seiner Meinung steht, erfährt auch nicht, dass Konfrontationen aller Art gar nicht so schlimm sind.

Hier ist dein persönlicher Trainingsplan und dabei geht es wie bei einer sportlichen Übung natürlich ganz soft los:

1. Entscheide dich zunächst für ein Outfit, in dem du dich absolut wohlfühlst. Und dann heißt es: raus an die frische Luft zu einem Bummel durch die Straßen in dem Viertel, in dem du wohnst. Dabei grüßt du alle Leute, die dir irgendwie bekannt vorkommen. Das können der Briefträger sein, die Nachbarn, der Müllmann und überhaupt jeder, der dir irgendwann schon einmal über den Weg gelaufen ist. Dabei rennst du nicht einfach mit gesenktem Kopf an ihnen vorbei und murmelst ein leises »Guten Tag«, sondern schaust ihnen direkt in die Augen, lächelst sie an und sagst deutlich: »Einen schönen guten Tag wünsche ich Ihnen.« Begegnest du bei deinem Rundgang auf dem Weg raus aus der Schüchternheit einer Person ein zweites Mal, können Fortgeschrittene sich an die Kunst des Smalltalks ranwagen. Sprich die Nachbarin mit ein paar Worten über das Wetter an (»Endlich mal kein Regen mehr!« Oder: »Heute wird es bestimmt schön warm.«) oder sag dem Briefträger, dass deine Freunde dir leider keine Post mehr schicken, sondern nur noch E-Mails.

Hast du die erste Personality-Prüfung bestanden, folgt Schritt zwei.

2. Geh auf den Sportplatz, in den Supermarkt oder in ein Einkaufszentrum und grüße zehn Menschen, die dir absolut fremd sind, mit einem freundlichen »Guten Tag« oder »Hallo« und einem netten Lächeln auf den Lippen. Vielleicht wirst du gefragt, warum du grüßt. Jetzt bloß nicht entschuldigen, sondern einfach antworten, dass du eben gut drauf bist und nett sein willst. Hast du das gemeistert, kannst du zur nächsten Schwierigkeitsstufe übergehen.

3. Ab sofort grüßt du alle Menschen, die du von irgendwoher kennst. Such dir außerdem fünf Personen aus, mit denen du ein Gespräch beginnst. Das kann das Mädchen aus der Parallelklasse sein, die du schon immer fragen wolltest, wo sie ihre coolen Jeans kauft. Oder der Junge auf der Skaterbahn, von dem du wissen willst, wie lange man üben muss, um seine Jumps auch so hinzubekommen. Oder ganz einfach auch die Bäckersfrau, die du fragst, wie viele Brotsorten sie eigentlich verkauft. Zeig echtes Interesse und verabschiede dich nach deiner ersten Smalltalk-Meisterleistung mit einem freundlichen »Ciao«, »Tschüss« oder »Auf Wiedersehen«.

4. Jetzt ziehst du deinen Telefonjoker. Denn wenn es normalerweise deine Mutter oder Freundin ist, die du vorschickst, um Informationen am Telefon zu bekommen, hältst du ab sofort die Strippen selbst in der Hand. Ruf bei eurer Bücherei an und frag, ob du einen Buchtipp zu den Ureinwohnern Australiens bekommen könntest, da du in der Schule darüber ein Referat halten musst. Oder erkundige dich im Kino, ob es Gruppenrabatt gibt, wenn du mit fünf Freundinnen gleichzeitig den Film anschauen willst. Wichtig: Auch wenn du abgewimmelt wirst, entschuldige dich nicht für die Störung, sondern frag nach, ob du zu einem besseren Zeitpunkt anrufen kannst, um die Auskunft doch noch zu bekommen.

5. Geh in deine Lieblingsboutique und such dir ein Teil aus, das du von Herzen gerne hättest. Auch wenn der Inhalt deines Sparschweins eigentlich dafür ausreicht, um das gute Stück dein Eigen zu nennen, frag bei der Verkäuferin nach einem Preisnachlass. Lass dich auch nicht entmutigen, wenn sie behauptet, dass sie das nicht entscheiden darf. Bitte sie, den Geschäftsführer zu holen, und denk dir dabei eine Begründung aus, warum du nicht bereit bist, den regulären Preis zu zahlen. Zum Beispiel: »Es ist schon Februar und die anderen Wintersachen sind schon alle reduziert.«

6. Geh zur Hauptgeschäftszeit in den Supermarkt und wähle nur einen Artikel aus. An der Kassenschlange angekommen bittest du die Wartenden mit vollen Einkaufswagen freundlich, ob sie dich vorlassen könnten, weil du nur das eine Teil hast. Bis sie ihre Waren auf das Förderband packen, hättest du sicher schon längst bezahlt.

7. Bewaffne dich mit Notizblock und Stift und stell dich in die Fußgängerzone oder auf den Pausenhof deiner Schule. Sprich Passanten oder Mitschüler freundlich mit einem »Darf ich kurz mal stören?« an und behaupte, du startest eine Umfrage für die Schülerzeitung unter dem Titel: »Was machst du gegen schlechte Laune?«

Tipp:

Die Übungen musst du nicht der Reihe nach ausprobieren. Überleg dir zunächst, was für dich machbar erscheint, ohne dass du mit Herzklopfen und weichen Knien kurz vor der Ohnmacht bist. Wiederhole eine Übung ruhig, wenn du merkst, dass du noch ein bisschen Praxis auf dem Weg zu deiner starken Persönlichkeit benötigst, bevor du dich an die in deinen Augen nächstschwierigere Übung heranmachst.

Das Ziel: Je öfter du erfährst, dass dir niemand den Kopf abreißt, wenn du ihn ansprichst oder um etwas bittest, desto mehr stärkst du dein Ego auch nach außen. Selbst wenn die Angesprochenen mal nicht so nett oder gar abweisend reagieren, fühlst du dich trotzdem richtig klasse. Weil du es gewagt hast, über deinen eigenen Schatten zu springen und deine Selbsteinschätzung damit ins richtige Licht zu rücken.

Da musst du durch

Bewundernswert, diese Menschen, die jede noch so stressige Situation scheinbar lässig meistern, während du selbst am liebsten im Boden versinken würdest. Dabei kennen sie manchmal einfach nur die Tricks, mit denen sie keine Farbe bekennen müssen. Mit diesen Verhaltensregeln zur sanften Tour kommst du locker durch jede unangenehme Situation.

In der Schule

Die Mathestunde ist mal wieder superlangweilig und du steckst deshalb mitten in einem wunderschönen Tagtraum von deinem neuen Schwarm. Wie durch Wattebäuschchen hörst du plötzlich den Lehrer deinen Namen rufen. Geschockt nimmst du wahr, dass er ausgerechnet dich dazu auserkoren hat, an der Tafel zu beweisen, wie es um dein Formel-Wissen steht. Natürlich läufst du an wie eine rote Tomate.

Das hilft dir aus der Patsche: Bevor sich deine Mitschüler darüber amüsieren können, dass bei dir Alarmstufe Rot herrscht, murmle einfach etwas, das ablenkt, zum Beispiel dass du schnell ein Taschentuch brauchst. Dann gehst du auf Tauchstation und kramst in deinem Rucksack nach einem Tempo. Dabei atmest du ein paarmal tief ein und aus, bis du wieder cool bist. Einfach Nase schnäuzen und dann ab nach vorne!

Zu Hause

Eigentlich wollten deine Eltern ja mal wieder ins Kino gehen und du nutzt den Abend natürlich aus, um mit deiner Freundin endlos zu quatschen. Weil du annimmst, dass dir niemand die Hölle heiß macht, weil du zwei Stunden später als eigentlich erlaubt nach Hause kommst. Pech, denn spätestens an der Haustür stellt sich heraus, dass das Kino ausverkauft war und deine Eltern wütend im Wohnzimmer auf dich warten.

Das hilft dir aus der Patsche: Auch wenn dir ein kesser Spruch bereits auf den Lippen liegt, weil deine Eltern mit ihrer Oberpünktlichkeit mal wieder nerven. Statt eine Ausrede zu erfinden, steh zu deinem Ausrutscher. Sag deinen Eltern, dass es dir leidtut, weil sie sich sicher Sorgen gemacht haben. Dein Verständnis wird sie verblüffen und ihre Wut verraucht im Nu.

In der Clique

Heikel, heikel – in deiner Clique haben sich zwei Lager gebildet. Es herrscht Zoff und miese Stimmung. Und du stehst mittendrin und kannst dich nicht entscheiden, für welche Seite du mehr Sympathien empfindest.

Das hilft dir aus der Patsche: Du musst dich ja nicht gleich in die Mitte stellen und beide Seiten für ihr kindisches Verhalten beschimpfen. Besser: Lade aus jedem Lager einen deiner Freunde zu dir nach Hause ein und versuche zu vermitteln. Checkt gemeinsam, wo die Probleme liegen, und arbeitet eine Versöhnungsstrategie wie eine große Party aus. Positiv: Wenn sich zwei Streithähne bei dir auf neutralem Boden treffen, fällt es viel leichter, normal miteinander zu reden. Wenn sich der ganze Stress letztendlich in Wohlgefallen aufgelöst hat, gehst du als strahlende Siegerin hervor, ohne mit Worten zu schärferen Waffen gegriffen zu haben.

Mit deinem Schwarm

Deine Knie sind puddingweich und dein Herz pocht so heftig, dass du glaubst, die Erde bebt. Der Auslöser für deine heftige Gefühlsattacke ist dein Schwarm, der endlich vor dir steht und fragt, ob du Lust hast, ein Eis mit ihm essen zu gehen.

Das hilft dir aus der Patsche: Anstatt vor lauter Schreck Nein zu rufen und wegzulaufen, musst du nur ein wenig Zeit schinden, um dich wieder wie ein normaler Mensch zu benehmen und nicht zu wirken, als stündest du kurz vor der Einweisung in eine geschlossene Anstalt. Bitte ihn einfach das Date um zwei Stunden zu verschieben und schlag ihm vor, dass ihr euch dann im Eiscafé trefft. Das gibt dir die Möglichkeit, dich in Ruhe vorzubereiten und deine Amok laufenden Körperfunktionen mit ein paar Entspannungsübungen wieder auf Standard-Betrieb herunterzufahren.

Die fiesesten Ego-Killer – oder: Sätze, die du nie wieder hören willst

Eltern, Lehrer, Freundinnen und Jungs sagen manchmal einfach Dinge, die sie sich wirklich sparen könnten. Weil sie damit deine gute Laune in Sekundenschnelle zunichte machen. Auf diese Ansagen willst du künftig sicher auch verzichten. Deshalb gilt: Einfach aus deinem Erinnerungsvermögen streichen!

- »Die neue Freundin von deinem Ex sieht wirklich süß aus.«
- »Du bist so schlecht gelaunt. Hast du deine Tage?«

- »Das wird teuer.«
- »Hast du zugenommen?«
- »Leider haben nicht alle bestanden.«
- »Echt, er findet Zahnspangen total süß?«
- »Der Film ist erst ab 16. Kann ich bitte deinen Ausweis sehen?«
- »Wechsle doch mal den Friseur.«
- »Ich soll dir ausrichten, dass Schluss ist.«
- »Kann ich mal die Telefonnummer von deiner Freundin haben?«

Die nettesten Ego-Pusher – oder: Sätze, die du gerne öfter hören würdest

Eine freundlich Ansage kann natürlich auch ganz schnell für super Laune sorgen. Hier hört auch das Selbstbewusstsein ganz genau hin. Bitte mehr davon!

- »Ich glaube, der süße Typ aus der Nachbarklasse will was von dir.«
- »Hast du dich schon mal bei einer Modelagentur beworben?«
- »Kind, wir fahren übers Wochenende weg. Du schaffst das doch alleine, oder?«
- »Wo kaufst du eigentlich deine tollen Outfits?«
- »Kann ich die Adresse von deinem Friseur haben?«
- »Die Jeans steht dir super. Hast du abgenommen?«
- »Ausverkauf. Alle Artikel zum halben Preis.«
- »Sie haben E-Mail erhalten.«
- »Sorry, ist das dein Fünf-Euro-Schein?«
- »Kann ich dich auf ein Eis einladen?«

Peinlich, peinlich

Es gibt sie einfach, diese Tage, an denen man im Formel-1-Tempo von einem Fettnäpfchen ins nächste rauscht. Oder man weiß einfach nicht, wie man nervige Bitten um eine Gefälligkeit abwimmelt. Kein Wunder, dass vor allem Schlagfertigkeit auf der Skala eines guten Ich-Gefühls ganz oben steht.

Damit es auch dir nicht mehr so schnell die Sprache verschlägt, findest du hier eine kleine Auswahl an frechen Antworten für fiese Situationen.

* Du kommst zu spät in die Schule und dein Lehrer will dich gerade vor der ganzen Klasse runtermachen.
  Deine Antwort: »Entschuldigung, aber ich habe gedacht, es ist Samstag. Erst als ich die Tageszeitung aufgeschlagen habe, ist mir der Irrtum bewusst geworden.«

* Dieser Typ, den du gar nicht ausstehen kannst, fragt dich in der Disco, ob du eine Cola mit ihm trinkst.
  Deine Antwort: »Gerne. Aber bestell doch gleich noch eine dazu, weil mein Freund jeden Moment da sein müsste.«

* Du hast einen dicken Pickel am Kinn und überklebst ihn mit einem Pflaster. Natürlich will jeder wissen, was sich darunter verbirgt.
  Deine Antwort: »Ich bin beim Knutschen auf die Bettkante geknallt und habe mir das Kinn aufgeschlagen.«

* Deine kleine Schwester will sich mal wieder dein nagelneues Mountainbike ausleihen. Darauf hast du gar keine Lust.
  Deine Antwort: »Hm, geht in Ordnung. Aber schraub bitte das Hinterrad vorher fest.«

* Deine Freunde wollen mit dir ins Kino, doch du hast absolut keine Lust auf den Streifen, weil du den Hauptdarsteller nicht ausstehen kannst.
  Deine Antwort: »Zu blöd, aber bei uns gab es heute Mittag Kohlsuppe und ich hab totale Blähungen.«

* Dein Handy klingelt wie wild, aber du sitzt gerade vor deiner Lieblingssoap und kannst auf keinen Fall verpassen, ob sich das Pärchen nun trennt oder wieder versöhnt. Natürlich kriegst du später, als dich der Anrufer doch noch erreicht, Ärger.
  Deine Antwort: »Sorry, aber ich hab auf unsere beiden Nachbarskinder aufgepasst. Die haben mit dem Handy gespielt und auf den Aus-Knopf gedrückt.«

* Die arrogante Zicke aus deiner Klasse steht vor deiner Haustür. Wahrscheinlich weil sie mal wieder die Hausaufgaben von dir abschreiben will. Natürlich hast du keine Lust, aufzumachen, und musst ihr das später erklären.
  Deine Antwort: »Ich hab Musik gehört. Um die Nachbarn nicht zu stören, natürlich über Kopfhörer. Da habe ich gar nicht mitgekriegt, dass du geklingelt hast.«

DAS DICKE ENDE?

Jetzt kennst du die besten Strategien für ein gesundes Selbstbewusstsein, Feel-good-Tricks und Gute-Laune-Tipps. Dabei wäre es aber schade, die ganz einfachen Erkenntnisse zu vergessen, warum es so schön ist, ein Mädchen zu sein, und warum es sich lohnt, dass du dich einfach gut in deiner Haut fühlst.

Hier sind die besten Argumente für coole Girls

Es ist toll, ein Mädchen zu sein ...

... weil die meisten Intelligenz-Gene auf dem weiblichen X-Chromosom sitzen.

... weil Frauen erwiesenermaßen länger leben als Männer.

... weil wir einmal im Monat eine gute Ausrede haben, um nicht am Sportunterricht teilnehmen zu müssen.

... weil wir uns die neueste Kuschelrock-CD kaufen können, ohne gleich als Weichei zu gelten.

... weil uns keiner für lesbisch häl[t], nur weil wir mit der besten Freun[-]din Händchen halten.

... weil wir drei Dinge auf einmal machen können: telefonieren, schminken und fernsehen.

... weil wir Pickel überschminken können.

... weil wir keine Angst haben müssen, wenn die Mutter unseres Schwarms verlangt, dass wir bei ihnen zu Hause die Schuhe ausziehen.

… weil unsere Eltern die Handy-Rechnung bezahlen, damit wir immer und überall erreichbar sind.

… weil wir einen Lehrer auch mal mit einem netten Lächeln um den Finger wickeln können.

… weil wir bei einem Liebesfilm hemmungslos weinen können, ohne dass wir schief angeguckt werden.

… weil es Frauenparkplätze, Frauen-Fitnessstudios und Frauenquoten gibt.

… weil wir immer eine gute Ausrede haben, bei unserer besten Freundin zu übernachten: »Damit ich nicht alleine nach Hause gehen muss …«

KARIN KAMPWERTH
CORINNA STRENG

ICH FIND MICH SUPER

SO ENTDECKST DU, WAS IN DIR STECKT

INHALT

ZWISCHEN LICHT UND SCHATTEN

Du weißt garantiert, dass du ein tolles Mädchen bist. Du kennst deine Stärken und hast klasse Freundinnen, mit denen du jede Menge Spaß haben kannst. Ganz klar, das Leben ist schön – wenn es nicht diese Phasen gäbe, in denen dich fiese Durchhänger plagen. Gestern war die Welt noch rosarot, heute scheint alles trist und grau. Dass der Tag hinüber ist, ahnst du bereits bei dem morgendlichen Blick in den Spiegel. Statt einer strahlenden Beauty siehst du ein blasses Etwas mit strähnigen Haaren, möglicherweise nervt der eine oder andere Pickel und selbst die neue Jeans, um die dich deine Freundinnen glühend beneiden, wirkt absolut langweilig und out.

Was ist passiert? Natürlich hast du dich nicht über Nacht in ein unscheinbares graues Mäuschen verwandelt. Schließlich kann sich all das, was andere an dir bewundern und deinem Selbstbewusstsein Futter gibt, nicht einfach verflüchtigen wie der Duft eines billigen Parfums. Es gibt aber Zeiten, in denen dir dein Seelenleben einen Strich durch jeden glänzenden Auftritt macht. Das gilt vor allem während der Pubertät. Du veränderst dich nicht nur äußerlich, auch in deinem Kopf herrscht manchmal das reinste Chaos. Das Gehirn wird zur Großbaustelle, um Platz für alle Eindrücke und Ereignisse zu schaffen, die zum Erwachsenwerden dazugehören und verarbeitet werden müssen. Umleitungen und Veränderungen in deiner Wahrnehmungsapparatur können dazu führen, dass die Sinne manchmal wie vernebelt sind. Kurzum: Dein Selbstbild gerät ins Wanken, die einst scharfen Konturen deines Egos verlieren ihre Form. Plötzlich siehst du dich in einem negativen Licht – und tust dir damit völlig unrecht.

Bin ich ein Mauerblümchen?

Vielleicht gehörst du zu den Mädchen, die mit ihrer zurückhaltenden, bescheidenen Art sowieso nicht ständig in den Mittelpunkt drängen. Deine Freundinnen lieben dich dafür, denn du erweckst niemals den Eindruck, mit ihnen konkurrieren zu wollen, schöner, besser oder schlauer zu sein. Das gilt in der Schule und beim Sport genauso wie auf Partys oder bei Jungs. Weil du dich in der Pubertät aber auch auf die Suche nach deiner Persönlichkeit machst, fühlst du dich möglicherweise trotzdem nicht mehr rundum wohl. Du glaubst, ständig in der zweiten Reihe zu sitzen. Dabei sehnst du dich danach, auch mal im Scheinwerferlicht ganz vorne zu stehen und für mehr bewundert zu werden, als für deinen tollen Charakter. Du willst einfach mal anders sein, eine komplett neue Rolle übernehmen und Eigenschaften ausprobieren, die bisher gar nicht typisch für dich waren. Die natürliche Sehnsucht nach Veränderung kann dazu führen, dass du dich plötzlich fühlst, als wärst du klein und unscheinbar. Eine dunkle Wolke hängt sozusagen über dir. Und die macht nahezu jedem Mädchen einmal oder öfter das Leben schwer, unabhängig davon, ob es vermeintlichen Schönheitsidealen entspricht oder für andere der beste Kumpel der Welt ist.

Licht an!

Zunächst einmal eine gute Nachricht: Jeder hat seine Schokoladenseiten, um die andere ihn beneiden. Allerdings gibt es diese dunklen Phasen, in denen du an deinem scheinbaren Schattendasein knabberst und deine positiven Eigenschaften glatt übersiehst. Diese Schwarze-Wolken-Zeit kann mal kurz wie ein Sommergewitter über dich hereinbrechen oder auch schon länger andauern. Aber keine Sorge – mit ein paar Tipps und Tricks kannst du deine Stärken nicht nur wieder ins rechte Licht rücken, sondern auch ganz neue Seiten an dir erkennen. Spot an: Diese Buch hilft dir, dass du in deinem Spiegelbild ein Mädchen entdeckst, das allen Grund dazu hat, sich super zu finden, und auch bei anderen richtig gut ankommt.

WER BIN ICH?

Graue Maus oder nicht?

Bestimmt fragst du dich manchmal, wer du eigentlich bist. Und wenn du dann zu dem Schluss kommst, grau und unbedeutend zu sein, ist es Zeit, mit ein paar ollen Vorurteilen aufzuräumen! Denn ein eher ruhiger Typ ist nicht gleich eine graue Maus und Zurückhaltung sollte man nicht mit Unscheinbarkeit verwechseln. Außerdem: Nicht jeder fühlt sich wohl, dauernd im Mittelpunkt zu stehen. Das ist oft eine Frage des Temperaments.

DAS MAUERBLÜMCHEN-PLUS

Bevor du in eine mittelschwere Depri verfällst, weil du befürchtest, ein Mauerblümchen zu sein, solltest du dir eins ganz schnell klarmachen: In den Augen anderer hättest du dann gar nicht mal die schlechteste Rolle! Mauerblümchen sind sehr beliebt und ihnen werden jede Menge toller Eigenschaften und Qualitäten nachgesagt. Okay, vielleicht blühen sie bisher nur im Verborgenen. Aber das kannst du ändern, denn Mauerblümchen haben durchaus Seiten mit großer Strahlkraft! Und im Grunde sind Mauerblümchen gar keine Mauerblümchen ...

Damit glänzen Mauerblümchen

Niemand, aber auch wirklich niemand möchte ein Mauerblümchen sein. Doch ausgerechnet du bist eins – bildest du dir zumindest gerade mal wieder ein. Ob du deswegen nun unter einem Minderwertigkeitskomplex leidest, solltest du erst entscheiden, nachdem du dir diese Liste durchgelesen hast. Denn so sind Mauerblümchen:

* Sie konzentrieren sich aufs Wesentliche.
* Sie sind gut in der Schule.
* Sie engagieren sich in der Freizeit (auch ehrenamtlich).

* Sie kümmern sich gern mal um die Familie und die Geschwister.
* Sie sind verlässlich und treu.
* Sie sind anpassungsfähig.
* Sie gelten als verantwortungsbewusst.
* Sie geben sich immer bescheiden.
* Sie sind fleißig und diszipliniert.
* Sie können gut zuhören und sind aufmerksam.
* Sie sind für Jungs und Mädchen gleichermaßen gute Kumpel.
* Sie geben gute Ratschläge, wenn jemand Hilfe braucht.
* Sie sind praktisch veranlagt und patent.
* Sie neigen nicht zur Selbstüberschätzung.
* Sie werden als angenehm und leise empfunden.
* Sie urteilen nicht nur nach Äußerlichkeiten, sondern schauen auch auf die inneren Werte.
* Sie können Mauern sprengen, wenn sie zu sich selbst und ihren Kräften stehen.

Wie viel Mauerblümchen steckt in dir?

Immer im grellen Rampenlicht zu stehen ist nicht jedermanns Sache. Aber allzu weit nach hinten, wo kein Fünkchen mehr hinfällt, musst du dich deshalb auch nicht gleich drängen lassen. Hier kannst du deine persönlichen Lichtverhältnisse prüfen. Kreuze einfach an, was am ehesten auf dich zutrifft.

1 Du bist der absolute Dating-Point. Egal ob Party oder Kino angesagt ist, bei dir treffen sich deine Freundinnen zum gemeinsamen Styling.

☐ Ja. ☐ Nein. ☐ Mal so, mal so.

2 Wenn du mit deinen Freundinnen zusammen auf eine Party gehst, entschwinden sie meist nach kurzer Zeit in alle Richtungen, um Leute zu treffen oder zu flirten.

☐ Ja. ☐ Nein. ☐ Mal so, mal so.

3 Während der Woche verbringst du die meisten Nachmittage damit, deine Hausaufgaben zu machen und deinen Hobbys nachzugehen. Abends telefonierst du dann mit deinen Freundinnen.

☐ Ja. ☐ Nein. ☐ Mal so, mal so.

4 In der Clique sind es die anderen, die für Fun und Action sorgen.

☐ Ja. ☐ Nein. ☐ Mal so, mal so.

5 Wenn du mit deinen Freundinnen unterwegs bist, hast du manchmal das Gefühl, das fünfte Rad am Wagen zu sein.

☐ Ja. ☐ Nein. ☐ Mal so, mal so.

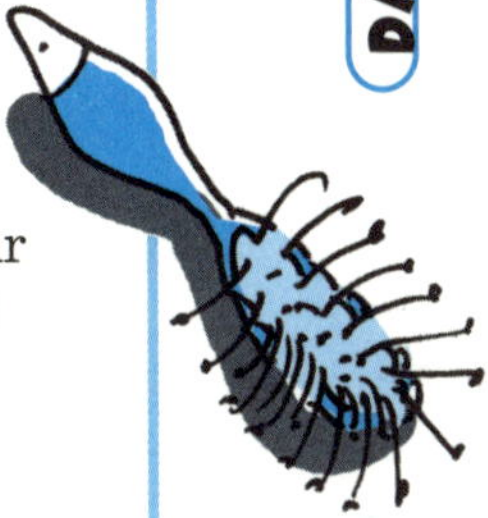

6 Du bewunderst deine Freundinnen für ihr Händchen in Sachen Styling und Beauty.

☐ Ja. ☐ Nein. ☐ Mal so, mal so.

7 Du hast schon öfter mal zufällig erfahren, dass deine Freundinnen etwas unternommen haben, ohne dich zu fragen, ob du mitkommen willst.

☐ Ja. ☐ Nein. ☐ Mal so, mal so.

Ja = 3
Nein = 2
M.S. M.S. = 2

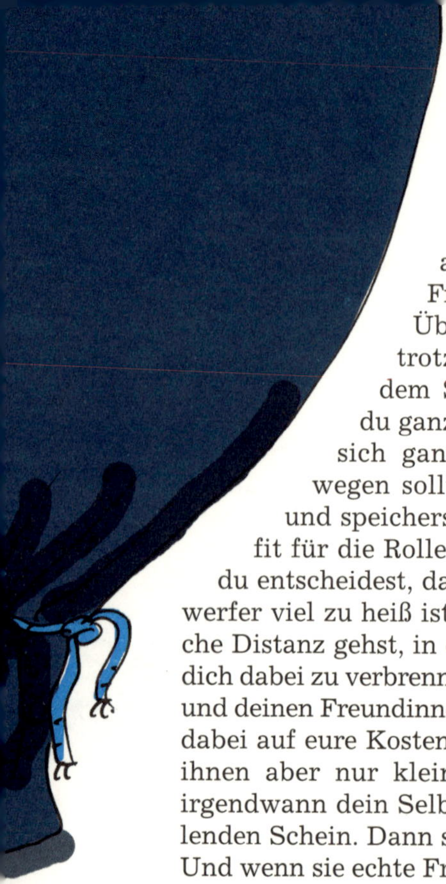

Auswertung

Du hast viermal und öfter mit »Ja« geantwortet

Auf den ersten Blick sieht es so aus, als gingen rund um deine Freundinnen mit ihrem Glamour-Überschuss alle Lichter aus. Und trotzdem magst du sie, denn von dem Schattenplätzchen aus kannst du ganz in Ruhe beobachten, wie man sich ganz vorne im Rampenlicht bewegen sollte. Du sammelst Erfahrungen und speicherst sie so lange ab, bis du selbst fit für die Rolle der Primaballerina bist. Oder du entscheidest, dass es dir im Glanz der Scheinwerfer viel zu heiß ist und du lieber auf ungefährliche Distanz gehst, in der du aufblühen kannst, ohne dich dabei zu verbrennen. Die Beziehung zwischen dir und deinen Freundinnen ist in Ordnung, wenn ihr alle dabei auf eure Kosten kommt. Fühlst du dich neben ihnen aber nur klein und unbedeutend, verglüht irgendwann dein Selbstbewusstsein in ihrem strahlenden Schein. Dann solltest du etwas unternehmen. Und wenn sie echte Freundinnen sind, kannst du mit ihnen offen über dein Problem sprechen. Dann werden sie sicher darauf achtgeben, dass sie dich öfter mal mit auf die Bühne nehmen.

Du hast viermal und öfter mit »Nein« geantwortet

Du und deine Freundinnen, ihr scheint ein eingespieltes Team zu sein. Jede hat ihren Platz in der Clique und jede erfüllt die Rolle, die sie freiwillig übernommen hat. Dabei ist es ganz natürlich, wenn man manchmal neidvoll einen Blick auf die andere(n) wirft und sich wünscht, genauso wie sie zu sein. Aber das gehört zu einer echten Freundschaft dazu. Denn nur gemeinsam seid ihr stark, weil ihr euch so gut ergänzt. Und eine muss dabei sein, die immer ein wenig mehr strahlt, ohne dass der Stern der anderen in ihrem Schein untergeht. Ihr zeigt euch, dass ihr euch mögt und dass ihr euch akzeptiert, wie ihr seid. Es ist aber ebenso in Ordnung, sich besonders bewunderte

Eigenschaften von den anderen abzuschauen und sich selbst zu eigen zu machen. Achte aber dabei immer darauf, dass du deine eigene Persönlichkeit behältst, um nicht nur als Abklatsch einer anderen den Restapplaus einheimsen zu können. Sonst läufst du Gefahr, auf der Strecke zu bleiben, denn eine Statistenrolle als Double hast du überhaupt nicht nötig.

Du hast viermal und öfter mit »Mal so, mal so« geantwortet

Du bist hin- und hergerissen zwischen dem Erfolg, den die anderen genießen, und deiner eigenen zurückhaltenden Persönlichkeit. Ab und zu träumst du davon, ein echter Star in der Clique zu sein, dem die anderen zu Füßen liegen. Auf der anderen Seite fühlst du dich in deiner Haut eigentlich pudelwohl, denn wenn du ehrlich bist, zieht es dich nicht wirklich ins grelle Rampenlicht. Du spinnst gerne die Fäden im Hintergrund, nur ahnst du manchmal gar nicht, wie groß dich das in den Augen der anderen macht. Statt dich als Mauerblümchen zu bemitleiden, hör lieber auf deinen Bauch und verlass dich auf dein Gefühl. Wenn du Lust auf einen glänzenden Auftritt hast, dann gönn ihn dir. Und wenn dir danach ist, im ruhigen Abseits das Treiben zu verfolgen und mit klugen Aktionen mitzugestalten, dann solltest du ebenfalls nicht zögern. Vergleich es einfach mit einem guten Film: Den entscheidenden Einfluss hat der Regisseur, der von außen steuert und dadurch mittendrin im großen Geschehen ist.

Von zwei Seiten betrachtet

Klar gibt es jede Menge einfältiger Vorurteile gegenüber zurückhaltenden oder ruhigen Menschen. Dass diese Vorurteile aber wenig oder gar nichts mit der Wirklichkeit zu tun haben müssen, weißt du längst. Dennoch kann der eine oder andere blöde Spruch nicht nur wehtun, sondern auch schnell zu einer Verunsicherung führen, die ganz und gar nicht nötig ist. Meist steckt hinter diesen Plattheiten wenig – und vor allem kein Wissen. Deshalb gilt hier: Lass dir bloß nichts einreden, stehe zu dir und deinen Fähigkeiten und lerne, Menschen zu ignorieren, die aufgrund von Dummheit, Neid und Missgunst oder Oberflächlichkeit nicht in der Lage sind, deine Vorzüge zu erkennen.

Die offizielle Wörterbucherklärung zu »Mauerblümchen«:

MAUERBLÜMCHEN wird eine (vom jeweils anderen Geschlecht) weniger beachtete Person genannt. Meist bezieht sich die Bezeichnung auf Mädchen oder Frauen. Der Begriff kommt von dem Bild der einzeln an der Mauer wachsenden Blume, die ein Schattendasein fristet.

Das ist aber nur die Kehrseite der Medaille. Wenn du sie umdrehst, erhältst du ein ganz anderes Bild. Denn, wie schon eine alte Binsenweisheit sagt, man kann immer alles von zwei Seiten sehen. Also blättere mal um, dann erkennst du, wie Mauerblümchen auch wirken können.

Ein **MAUERBLÜMCHEN** ist eine Blume, die an einer Mauer blüht – eigentlich in einer Umgebung, in der Blumen selten blühen, denn gewöhnlich brauchen sie Erde, Licht, Luft, Wasser, um sich zu entfalten. Deshalb hält man Mauerblümchen für besonders widerstandsfähig, beharrlich, anpassungsfähig und lebenshungrig.

Merkst du, wie leicht es ist, eine Sache so oder so zu sehen? Gerade wenn du mal einen schlechten Tag hast, solltest du versuchen, den Blick ganz bewusst auch aufs Positive zu lenken. Und natürlich ist es nicht schön, übersehen zu werden. Vor allem wenn man was Tolles geleistet hat. Aber ist es manchmal nicht auch ganz bequem, wenn man in der zweiten Reihe steht? Droht Stress mit Erwachsenen, in der Clique oder in der Schule, kannst du anderen entspannt den Vortritt lassen. Die Cliquen-Queen ist eben auch immer die, die ihren Kopf hinhalten muss, wenn etwas schiefläuft.

Hilfe, ich bin anders!

Immer wieder gibt es Situationen, in denen du anders entscheidest, anders fühlst oder denkst als einige deiner Freunde oder Mitschüler. Klar, dass dich das verunsichert! Aber anders zu sein heißt nicht, dass man deswegen irgendwie »schlechter« ist. Deine Freundin ist eben so und du bist anders – aber ihr seid beide trotzdem okay. Mach dir einfach mal bewusst, was hinter deiner »Andersartigkeit« steckt. Bestimmt kommen dabei viele ungeahnte Talente und Vorzüge zum Vorschein.

Auch wenn sich die anderen aus der Clique zum Kino oder zum Eisessen treffen, bleibst du hin und wieder zu Hause und passt freiwillig auf deine kleinen Geschwister auf?
Was für eine noble Geste! Denn dadurch hilfst du deinen Eltern wahrscheinlich enorm und deine kleinen Geschwister werden dich dafür lieben. Außerdem zeigt es, dass man dir Aufgaben anvertrauen kann und du sie erfüllst – trotz eines spannenden Konkurrenzprogramms.

Du kommst in der Schule gut zurecht, ohne ein Streber zu sein, wohingegen deine beste Freundin um ihre Versetzung kämpft?
Glück für deine Freundin, dass sie dich hat! Du kannst sie ja vielleicht in ihren Problemfächern unterstützen, damit auch sie die Kurve kriegt. Denn du hast ihr in diesem Punkt einiges voraus: Du kannst dich auf das Wesentliche konzentrieren und lässt dich nicht von Nebensächlichkeiten ablenken. Mit guten Leistungen vermeidest du überflüssige Diskussionen mit Lehrern und Eltern – und hast damit viel mehr Zeit für die schönen Dinge des Lebens!

Deine Freundinnen sind richtige Plaudertaschen und du giltst eher als großer Schweiger?
Klar, dass dir deine Freundinnen all ihre Probleme anvertrauen, denn niemand kann so gut zuhören wie du. Und das ist doch ein wunderbarer Vertrauensvorschuss! Nur weil du so bist, wie du bist, können sie dir uneingeschränkt vertrauen und sich dir öffnen. Du widmest dich ihnen aufmerksam und bist außerdem die Diskretion in Person: Du tratschst die Dinge, die dir erzählt werden, nicht weiter.

Deine eine Freundin kann partout nicht verstehen, was du an dieser seltsamen Banknachbarin findest, mit der du so gut klarkommst?
Schön, dass dein Freundeskreis so bunt gemischt ist! Denn dadurch wirst du immer wieder auf neue Aspekte, Ideen und Impulse stoßen, die dein Leben sehr interessant machen können. Außerdem zeigt es, dass du dir deine Freunde nicht nach äußeren Kriterien aussuchst, ob sie hip sind oder die neueste Trendsportart betreiben. Auch wenn sich deine Freundinnen und Kumpels untereinander vielleicht wenig zu sagen haben, werden sie dich insgeheim doch für deine Offenheit und Unvoreingenommenheit bewundern.

Du interessierst dich im Gegensatz zu deinen Freundinnen nicht die Bohne für Diäten und Make-up?
Weil du nicht ständig Angst um deine Frisur, dein Make-up und deine Fingernägel hast, betrachten dich die Jungs als guten Kumpel, mit dem man auch mal spontan was unternehmen kann. Für dich eine super Sache, denn so hast du jede Menge Möglichkeiten, die Jungs richtig kennen- und ihre Eigenarten verstehen zu lernen. Das verhilft dir zu einem entscheidenden Vorteil – für dich selbst und natürlich auch für deine Freundinnen, die dich sicher das ein oder andere Mal in puncto Jungs um Rat fragen werden.

Immer mal wieder gibt es in deiner Clique nicht enden wollende Diskussionen um die Wochenendplanung, den Sommerausflug oder das nächste Partymotto. Aber du hältst dich dabei meist vornehm zurück?
Wenn dir etwas wirklich gegen den Strich geht, solltest du das natürlich unbedingt deutlich sagen. Aber in einer Clique kann nicht immer jeder seine eigene Meinung durchdrücken, nur damit er derjenige ist, der bestimmt. Deine Freunde wissen es zu schätzen, dass du kompromissbereit und für ihre Vorschläge offen bist. Sie achten dich dafür, dass du auch Entscheidungen akzeptieren kannst, die nicht von dir kommen.

Du engagierst dich für ein soziales Projekt, spielst klassische Musik oder übst eine ungewöhnliche Sportart aus, obwohl andere dich manchmal belächeln?
Toll! Denn damit zeigst du auf ganz wunderbare Weise, dass Selbstbewusstsein ganz einfach sein kann und es im Leben viel wichtiger ist, etwas zu tun, was einem Spaß macht, als immer nur ein Mitläufer zu sein. Selbst wenn manche deiner Freunde nicht verstehen können, warum du dich für eine Sache engagierst, werden sie dich für deine Beharrlichkeit, deinen Willen und deinen Mut bewundern.

ALLES EINE FRAGE DES TEMPERAMENTS

Manche Menschen fühlen sich nur wohl, wenn sie selbst der Mittelpunkt jeder Fete sind. Passiert einmal das Gegenteil und jemand anders spielt die Party-Queen, werden sie schnell hysterisch und zweifeln an ihrer Ausstrahlung. Andere halten sich lieber ein bisschen zurück und bleiben stille Beobachter des Geschehens. Und wieder andere interessieren sich erst gar nicht für eine Party und sind sich selbst Freund genug. – Wie du siehst, gibt es jede Menge verschiedener Möglichkeiten, auf ein und dieselbe Sache zu reagieren. Das liegt in erster Linie am Temperament des Betreffenden.

Die Wissenschaft unterscheidet vier verschiedene Typen:

- die Heiteren (Sanguiniker)
- die Ruhigen (Phlegmatiker)
- die Schwarzseher (Melancholiker)
- die Hitzköpfe (Choleriker)

Aber in uns allen steckt ein bisschen etwas von jedem der vier Grundtypen. Trotzdem ist meist einer stärker ausgeprägt als die anderen und tritt deshalb in den Vordergrund. Auf den folgenden Seiten werden die verschiedenen Temperamente ausführlicher beschrieben. Guck selbst, was am ehesten auf dich zutrifft.

DER CHOLERIKER – EIN HITZKOPF LÄSST GRÜSSEN

Die Bezeichnung Choleriker kommt von dem griechischen Wort Chole, das Galle bedeutet. Sicher hast du schon einmal die Redewendung gehört, dass dem Choleriker die Galle leicht überläuft. Damit gemeint ist: Er neigt zu schneller Gereiztheit und erlebt viele alltägliche Dinge mit einer sehr viel größeren Heftigkeit. Dadurch sind Reaktionen wie Wut, Jähzorn oder riesengroßer Frust bei ihm keine Seltenheit. Eine Coladose, die vor Wut durch die Gegend gekickt wird, ist bei ihm durchaus mal drin. Die gute Nachricht: Meist halten diese stürmischen Gefühle nicht besonders lange an. Aufgaben nehmen Choleriker meist mit Schwung in Angriff, wobei sie auf ihre eigene Kraft vertrauen. Hin und wieder würden sie am liebsten mit dem Kopf durch die Wand gehen. Denn Geduld ist nicht unbedingt ihre Stärke. Der typische Hitzkopf ist sehr ichbezogen, hat gerne recht und bestimmt, was gemacht wird.

Was Hitzköpfe noch sind: entscheidungsfreudig, abenteuerlustig, zuverlässig, entschlossen, begeisterungsfähig, unterhaltsam und ausdauernd.

DER MELANCHOLIKER – EIN TOLLER SCHWARZMALER

Ein Melancholiker fühlt sich am wohlsten in seinem eigenen Umfeld. Ob in seinem Zimmer oder seinem Viertel – Hauptsache, er kennt seine Umgebung genau. Leider nimmt er die Dinge in seinem Leben immer einen Tick schwerer als alle anderen und neigt dazu, an sich und sein Verhalten hohe Anforderungen zu stellen. Dabei kann er auch ziemlich kleinlich und anspruchsvoll wirken. Melancholiker erleben ihre Gefühle sehr stark, tief und nachhaltig, obwohl sie nach außen hin eher gleichmütig wirken. Ihre Bereitschaft zu spontanen Aktionen und schnellen Entschlüssen ist nicht sehr groß. Hat sie eine Sache aber einmal gepackt, sind sie sehr ausdauernd.

Die Seele des Schwarzmalers ist sehr verletzlich – er ist schnell niedergeschlagen, sehr unsicher und stets pessimistisch eingestellt. So könnte sein Wahlspruch lauten: »Das schaffe ich bestimmt nicht!« Vor allem weil er gerne auch mal allein ist, kann er auf Außenstehende verschlossen wirken. Meist besitzt er zwar keinen besonders großen Freundeskreis, dafür sind seine Freundschaften aber sehr dauerhaft.

Was Schwarzseher noch sind: fleißig, zuverlässig, gründlich, gewissenhaft, sensibel, treu und beständig.

DER PHLEGMATIKER – DIE RUHE IN PERSON

Das Hauptterkennungszeichen des Phlegmatikers ist sein Gleichmut. Nicht besonders ehrgeizig, ist er im Allgemeinen mit sich und der Welt zufrieden. Er kann sich gut mit den jeweiligen Gegebenheiten abfinden. Spontane Begeisterung und Aufgeregtheit sind ihm gänzlich fremd. Höchst selten gerät er in heftige Gefühlswallungen, ist aber durchaus ängstlich. Phlegmatiker sind sogenannte Gemütsmenschen, die den Personen in ihrem Umfeld freundlich, gutmütig und tolerant begegnen. Da sie die Ruhe über alles lieben, verhalten sie sich eher still und passiv und können störende, aufregende Erlebnisse gar nicht leiden.

Weil diese ruhigen Zeitgenossen ziemlich bequem sind, kann es schon mal dauern, bis sie sich zu einem Entschluss durchringen. Haben sie aber eine Entscheidung gefällt, dann halten sie daran fest. Der Phlegmatiker ist nur äußerst selten an Macht interessiert und erreicht sein Ziel auch eher zufällig. Seinen Freunden gegenüber erscheint er wegen seiner trockenen Reaktionen ziemlich rational und er wirkt aufgrund seiner bedächtigen Art eher schwerfällig und faul.

Was Phlegmatiker noch sind: friedlich, geduldig, zurückhaltend, genügsam, tolerant, anhänglich und humorvoll.

DER SANGUINIKER – VON HEITER BIS WOLKIG

Der Sanguiniker ist an seinem stets frohen Gemüt zu erkennen. Er ist lebhaft und leicht lenkbar. Da er ein rundum fröhlicher Mensch ist und stets optimistisch in die Welt schaut, nimmt er auch das Leben eher von der leichten Seite. Außerdem verfügt der Heitere über eine gute Ausdrucksweise und kann perfekt mit Worten umgehen. Allerdings neigt er dazu, sich schnell zu verzetteln, weil er gerne zu viele verschiedene Dinge auf einmal in Angriff nimmt. Wer ihn nicht gut kennt, kann ihn schnell für oberflächlich, unorganisiert und unkonzentriert halten. Er lässt sich gern und schnell auf Neues ein, kann sich aber nicht allzu lange damit beschäftigen. Deshalb braucht er immer wieder neue Impulse und Eindrücke. Spielend kann er von einem Gefühlsextrem ins andere fallen.

Sanguiniker sind sehr kontaktfreudig, allerdings sind sie nicht unbedingt die Zuverlässigsten und vergessen auch gerne mal ein Versprechen. Und so leicht, wie sich der Heitere auf neue Situationen einstellen kann, so leicht lässt er sich auch in seiner Meinung umstimmen.

Was Sanguiniker noch sind: fröhlich, herzlich, beliebt, spontan, erfrischend und attraktiv.

Schlechte Sicht aufs Ego?

Du guckst in den Spiegel und hältst dich für ein hässliches Entlein? Überhaupt fühlst du dich wie eine absolute Doppelnull ohne irgendein Talent. – Stopp, das stimmt doch alles gar nicht! Und du solltest endlich herausfinden, was dir diesen Knock-out für dein Selbstbewusstsein beschert. Denn du steckst momentan in einem dieser fiesen Stimmungstiefs, wie sie typisch für die Pubertät sind.

Schuld an der negativen Einschätzung ist deine verzerrte Selbstwahrnehmung. Deine Freundinnen sehen dich garantiert in einem viel, viel positiveren Licht. Bestimmt beneiden sie doch sogar um das ein oder andere, was du als besonders schrecklich empfindest.

Pubertätsknick in der Optik

Die Pubertät ist viel mehr als ein rein äußerliches Entwicklungsprogramm. Eigentlich würde es ja völlig ausreichen, dass du deine Energien darauf verwendest, dich mit deinem neuen Körper anzufreunden. Aber du musst dich auch noch mit den Gute-Laune-Killern herumplagen. Das Kommando dafür kommt übrigens aus der Hirnanhangdrüse. Dort startet irgendwann zwischen dem neunten und zwölften Lebensjahr mit einem biochemischen Prozess ein Programm, das dich langsam vom Mädchen zur Frau werden lässt.

Gleichzeitig, aber völlig unsichtbar schlägt auch deine Persönlichkeit eine neue Richtung ein. Du entdeckst viele unbekannte Seiten an dir, die dich zunächst einmal verunsichern. Das ist wie eine Art Seiltanz, bei dem es ganz natürlich ist, ab und zu aus der Balance zu geraten.
Dass du dir dabei manchmal wie ein Mauerblümchen vorkommst, dem das Leben den Sonnenschein verwehrt, ist kein Wunder. Aber bevor du ins Tal der Tränen abtauchst und kein gutes Haar mehr an dir lässt, überleg dir, welches Bild andere von dir haben. Wetten, dass du überrascht sein wirst! Blättere um und mach einfach den Test!

Wie wirkst du auf andere?

Fräulein Nullnummer oder Miss Nonplusultra? Hier kannst du abchecken, wie du bei Freunden und Fremden ankommst.

1 Mit wem würdest du am liebsten zu einem Bike-Ausflug starten?

□ Mit meinen besten Freunden.

△ Mit einer ganzen Horde netter Leute.

○ Mit meiner besten Freundin oder meinem Schwarm.

2 Du hast den totalen Zoff mit deiner besten Freundin. Dabei geht sie in die Luft wie eine Rakete. Wie reagierst du?

○ Ich versuche mich schnellstmöglich mit ihr wieder zu vertragen.

△ Ich platze auch.

□ Ich lasse mich nicht aus der Ruhe bringen. Es reicht, wenn sie tobt.

3 Eine deiner Freundinnen hat schlimmsten Liebeskummer. Wie hilfst du ihr?

□ Ich nehme sie einfach in den Arm, damit sie sich ausweinen kann.

△ Ich überrede sie zu einem Kinobesuch oder Shopping-Bummel, damit sie auf andere Gedanken kommt.

○ Ich habe immer geahnt, dass er nicht der Richtige ist. Das erkläre ich ihr in Ruhe.

4 Die Party kommt nicht richtig in Schwung. Schaffst du es, für Stimmung zu sorgen?

△ Ja, weil ich andere oft zum Lachen bringe – manchmal auch unfreiwillig.

□ Das überlasse ich lieber einer echten Stimmungskanone.

○ Nein, weil ich finde, dass man sich auf einer Party auch ruhig mal ernsthaft unterhalten kann.

5 Du tauchst spontan bei deiner besten Freundin auf, die gerade ihren Schwarm zu Besuch hat. Dabei spürst du, dass du zu einem ungünstigen Zeitpunkt kommst. Was machst du?

□ Ich verdrücke mich schnell wieder, indem ich behaupte, mir sei gerade eingefallen, dass ich noch was von meinen Hausaufgaben total vergessen habe.

○ Ich entschuldige mich mit den Worten: »Kein Problem, bin schon wieder weg ...«

△ Ich mache einen Vorschlag für eine gemeinsame Unternehmung.

6 Was nervt dich auf Partys am meisten?

○ Dass man immer dieselben Leute trifft.

□ Dass ich mich nie so geben kann, wie ich eigentlich bin.

△ Dass die anderen von mir erwarten, für Action zu sorgen.

7 Eine Freundin, die nicht gerade den Ruf hat, besonders pingelig zu sein, will sich dein Lieblingsbuch ausleihen. Gibst du es ihr?

□ Nein. Ich behaupte einfach, dass ich gerade angefangen habe, es zum zweiten Mal zu lesen.

○ Ich gebe es ihr.

△ Ich gebe es ihr, aber nur unter der Bedingung, dass sie verspricht, gut drauf aufzupassen und keine Eselsohren in die Seiten zu falten.

Auswertung

Zähl zusammen, von welchem Symbol du die meisten hast, und lies die entsprechende Antwort nach.

Überwiegend Quadrate

Du fühlst dich ungeliebt und als Außenseiterin unter deinen Freundinnen? Weit gefehlt, denn sie schätzen an dir deine ausgleichende Art. Du magst Harmonie und steckst damit deine ganze Umgebung an. Stress und Aggressionen lässt du erst gar nicht hochkochen. Du bist diejenige, der man Geheimnisse anvertrauen kann, ohne zu befürchten, dass am nächsten Tag Gott und die Welt darüber quatscht. In der Clique giltst du als Katalysator für all die kleineren und größeren Katastrophen.
Aber: Wenn dich eine Situation mal überfordert, ziehst du dich in dein Schneckenhaus zurück. Gönn dir lieber ab und zu mal die Erfahrung, dich so richtig gehen zu lassen und deinen Ärger, Kummer oder deine Sorgen mit anderen zu besprechen. Denn das, was du dann an Mitgefühl und Trost zurückbekommst, macht dich wieder sicher darin, dass deine Freunde auch wirklich deine Freunde sind.

Überwiegend Dreiecke

Du glaubst, dass die anderen in dir nur ein lästiges Anhängsel sehen und du ihnen auf die Nerven fällst? Dein Testergebnis spricht eine ganz andere Sprache! Du gehst nämlich offen auf andere zu, beherrschst Smalltalk sogar auf Partys, wo du keinen kennst, wie im Schlaf. Dafür gehört dir die – wenn auch oft stille – Bewunderung deiner Freunde. Selbst noch dann, wenn du eigentlich schlecht drauf bist, ziehst du Freunde und Fremde schnell in deinen Bann.
Weil das für dich alles so schrecklich normal ist, verlierst du leider manchmal den Blick für deine große

Stärke. Du fühlst dich klein und unbedeutend. Was jetzt hilft? Achte doch einfach mal darauf, wie oft dein Telefon klingelt, weil deine Freunde dich bei ihren Unternehmungen dabeihaben wollen. Weil ohne dich einfach jemand fehlt, der zu jeder Gelegenheit einen netten Spruch auf den Lippen hat und dem bei drohenden Cliquen-Durchhängern niemals die Ideen ausgehen. Auf dich ist eben einfach Verlass, darauf kannst auch du dich verlassen.

Überwiegend Kreise

Blass, langweilig, unscheinbar? Ist es das, was dir gerade aus deinem Spiegel entgegenblickt? Dann bist du der beste Beweis dafür, dass deine Selbstwahrnehmung nicht mit dem übereinstimmt, wie du bei anderen ankommst. Zugegeben, du bist keine, die immer an vorderster Front für Spaß und Action sorgt. Das muss auch nicht sein, denn du punktest mit deiner zurückhaltenden Art. Dabei wissen deine Freunde ganz genau, dass du wirklich Anteil an ihren Sorgen und Nöten nimmst und dich niemals über sie lustig machen würdest. Du bist eben ein echter Kumpel, auf den man sich in guten und in schlechten Zeiten hundertprozentig verlassen kann.

Tipp: Sei manchmal nicht ganz so bescheiden und lass dich auch mal loben. Spring dabei am besten über deinen Schatten und vergiss dein Misstrauen. Schließlich muss es doch nicht immer gleich gelogen sein, wenn jemand an dir etwas bewundert.

Wirkungsweisen

Logisch, dass sich auch Wissenschaftler darüber den Kopf zerbrochen haben, was bei anderen ankommt. Hier sind die verblüffenden Ergebnisse:

55 Prozent deiner Wirkung auf andere macht deine Körpersprache aus: Wer nicht ständig mit verschränkten Armen und überkreuzten Beinen vor anderen steht, erscheint offener und natürlicher. Blickkontakt und ab und zu eine Geste, mit der du dir zum Beispiel das Haar zurückstreichst, kommt vertrauensvoll und interessiert rüber.

38 Prozent deiner Wirkung auf andere verdankst du deiner Stimme. Ob du laut oder leise sprichst, eine helle oder eher eine dunkle Stimme hast, beeinflusst den Eindruck, den du bei anderen hinterlässt. Vielleicht hast du selbst ja schon einmal festgestellt, dass eine tiefere Stimme am Telefon vertrauensvoller wirkt als eine piepsige Mickymaus-Tonlage.

Sieben Prozent deiner Wirkung auf andere erzielst du mit dem gesprochenen Wort. Das bedeutet, dass nicht unbedingt entscheidend ist, wie du etwas sagst, sondern dass du es überhaupt sagst. Also mach dir keinen Stress, die richtigen Worte zu finden, sondern sprich einfach aus, was du fühlst und denkst.

10 Tricks gegen Gute-Laune-Killer

Manchmal sind es einfach nur fiese Alltagsfallen, die dein Selbstbewusstsein in Lichtgeschwindigkeit in den tiefsten Seelenkeller verbannen. Lass dich nicht ärgern und trickse die gemeinsten Gute-Laune-Killer einfach aus.

So funktioniert's:

1 DU SIEHST KLASSE AUS ...

... aber beim Anprobieren des süßen Bikinis oder knappen Minis findest du dich plötzlich schrecklich? – Halt! Lass dich um deinen luftigen Look nicht betrügen, denn schuld an wenig schmeichelhafter Optik ist nicht etwa ein blasser Teint oder die falsche Figur, sondern das grelle Neonlicht in den Umkleidekabinen. Da wirkt jeder Makel gleich doppelt schlimm. Tipp: Shop wechseln und Kabinen suchen, die dir mit Schummerlicht schmeicheln. Oder einfach das Birnchen aus der Lampe drehen!

2 FREUNDINNEN SIND EHRLICH ...

... und helfen aus jeder Körperkrise. Ruf sie an, wenn dein Selbstbewusstsein auf Talfahrt ist, und bitte sie, dir zu sagen, was sie schön an dir finden. Die Überraschung: Andere finden häufig toll, was du gar nicht an dir magst. Beispiel: Du findest deine Augen fad und ausdruckslos – sie finden, dass man in ihnen wie in einem Ozean versinken könnte.

3 DIR GEHT'S GUT ...

... und den Depri-Tagen willst du auf keinen Fall eine Chance lassen! So geht's: Schönes Make-up auftragen, Lieblingsklamotten anziehen und dich bewundern, was das Zeug hält. Lächle das Mädchen im Spiegel an und sage laut, was du toll an ihr findest. Funktioniert übrigens auch bei Stress mit der Figur. Kerzen anzünden, nackt ausziehen und im sanften Lichtschein auf die Suche nach deinen Schokoladenseiten gehen.

4 ER MAG DICH ...

... und hat dir das schon oft zu verstehen gegeben. Und trotzdem packt dich vor dem ersten Alleine-Date mit deinem Schwarm die große Panik. Auch hier hilft dir das richtige Licht, das wie ein Weichzeichner für all deine Unsicherheiten wirkt. Also Deckenlampe aus und nur ein paar kleine Tischleuchten an, falls dir Kerzen zu kitschig erscheinen. Wetten, dass du gleich viel entspannter bist.

5 DU HAST POWER ...

... die du dir beim Joggen, Skaten, Biken oder Walken holst. Weil deinen Selbstzweifeln mit Sport ganz schnell die Puste ausgeht. Strengst du dich körperlich an, gibt's eine Extraportion Happy-Hormone, die für Ausgeglichenheit und ein tolles Body-Feeling sorgen.

6 DU WEISST, WAS DIR GUTTUT …

… und streichelst deine Seele mit einem Wohlfühlbad. Betrachte einfach mal deine vermeintlichen Makel, wenn das Wasser sanft deinen Körper umspielt. So lässt softer Schaum beispielsweise auch Busen, Bauch und Beine ohne Modelmaße superzart und leicht gebräunt aussehen.

7 DIE ANDEREN BENEIDEN DICH …

… weil du weißt, dass du deinem Selbstbewusstsein ganz schnell mit dem richtigen Styling und cleveren Kombis auf die Sprünge helfen kannst. Dick auftragen darfst du bei kleiner Oberweite mit einem süßen Push-up-BH und üppig gerüschter Carmenbluse. Ein knackiger Bauch in der frechen Hipster lenkt von knochigen Beinen ab, luftige Tunikas mogeln lässig Pfündchen weg.

8 AUF PARTYS FEIERN …

… und danach richtig gut aussehen, auch wenn fehlender Schlaf deinem Spiegelbild auf den Magen schlägt? Klar geht das: Ein fahler Teint verschwindet unter transparentem Puder und leichtem Rouge. Beigefarbene Outfits sorgen für einen frischen, natürlichen Look. Flop: alle knalligen Farben und Schwarz.

9 IN TOPFORM FLIRTEN ...

... kannst du, wenn du deine Anmachattacke für den Partyabend vorher übst. Schnapp dir einen Handspiegel und baggere einfach mal dein Ego an. Übe den Redestil, deinen Blick, deinen Augenaufschlag und deine Gesten – so lange, bis du dir selber zum Verlieben gut gefällst. Das gibt dir die Sicherheit, gute Laune und eine tolle Ausstrahlung.

10 DU BIST EINE ECHTE BESTE FREUNDIN ...

... weil du deine Lieblingsmädels regelmäßig um dich versammelst und zu einem Abend vor der Glotze einlädst. Was ist schließlich bei Seelenstress schöner, als gemeinsam vor einem superschnulzigen Video abzuhängen und dabei eine XXL-Portion Eis zu vernaschen – natürlich mal ganz ohne schlechtes Gewissen. Packt dich der große Frust, zögere nicht lange und greif einfach zum Telefon.

Lach dich happy

Lachen ist die beste Medizin. Das bestätigen selbst seriöse Wissenschaftler. Und es gibt sogar Forscher, die sich ganz dem Lachen verschrieben haben: Gelotologie (Griechisch: gelos = lachen) nennt sich die Fachlehre, die herausfand, dass Lachen zahlreiche Stoffwechselfunktionen beeinflusst. Die Wissenschaftler konnten messen, dass Lachen ...

* ... die Atmung aktiviert.
* ... das Herz-Kreislaufsystem ankurbelt.
* ... die Durchblutung der Muskulatur verbessert.
* ... Stresshormone abbaut.
* ... die Verdauung anregt.
* ... das Immunsystem stärkt.
* ... die Bildung von Glückshormonen, den Endorphinen, pusht.

Tipp: Statt dich über dich selber zu ärgern und in Selbstmitleid zu zerfließen, stell dich lieber vor den Spiegel und schneide so lange Grimassen, bis du losprusten musst.

Kein Witz: Lachen kannst du trainieren!

Das Lachtraining entwickelte der indische Meditationslehrer Mandan Kataria. Bei diesem Lach-Yoga bilden elf Entspannungsübungen die Grundlage. Gestartet wird mit der Ha-ho-Technik. Und die ist genauso witzig, wie sie klingt: Die Teilnehmer lachen im Wechsel zweimal laut »Haaa-haaa« und »Hooo-hooo«. Wenn sich dann noch nicht alle ausschütten vor Lachen, gibt es Zwischenstufen. Zum Beispiel mit geschlossenen Augen Tierlaute nachmachen. Das ist ein echter Brüller und funktioniert garantiert auch mit deinen Freunden.

ROLLEN-WECHSEL

So will ich sein!

Wer hat nicht schon einmal davon geträumt, jemand anders zu sein! Jemand, den man nicht so leicht übersieht, der selbstbewusst und beliebt ist. Aber wieso nur davon träumen? Du kannst zwar nicht raus aus deiner Haut und deine Persönlichkeit völlig umkrempeln, aber Kurskorrekturen sind durchaus drin. Wenn du mit deiner alten Rolle nicht mehr zufrieden bist, musst du dir eben eine neue zulegen. Welche zu dir passt, kannst du in diesem Kapitel herausfinden.

NEUES IMAGE BITTE?

Auch wenn du weißt, dass du als eher ruhiger und zurückhaltender Mensch eine Menge Vorteile im Leben hast, ist es absolut verständlich, wenn auch du dich mal in deinem eigenen Glanz sonnen und von anderen bewundert werden willst. Das kann für die Clique genauso gelten wie für die Schule. Denn was ist schon ein super Referat wert, für das du wochenlang recherchiert und gebüffelt hast, wenn du vor dem großen Auftritt kneifst? Und warum langweilig in der Clique abhängen, nur weil niemand deine Ideen für spannende Action hören will?

Klar, es ist gar nicht so einfach, plötzlich mit den vielen lieb gewonnenen Nischen und Angewohnheiten aufzuräumen. Und nicht alles, was du bisher gemacht hast, muss nun plötzlich anders werden. Wenn du allerdings ein wenig neuen Schwung in dein Leben bringen und die besten Trümpfe für einen tollen Auftritt kennenlernen willst, dann solltest du unbedingt mal eine neue Rolle ausprobieren!

Startklar für eine neue Rolle?

Willst du dein Leben völlig ändern oder hast du nur Lust, neue Akzente in deiner Persönlichkeit zu setzen? Mit diesem Quicktest findest du im Handumdrehen heraus, ob der richtige Zeitpunkt für dich gekommen ist. Beantworte einfach die folgenden Fragen und zähle zusammen, wie oft du mit Ja geantwortet hast.

1. Obwohl ich eine Menge Freunde habe, fühle ich mich manchmal nicht richtig dazugehörig.
2. Wenn es um Unternehmungen geht, plane ich immer alles bis ins letzte Detail.
3. Manchmal stört mich, dass ich nicht so aus mir herausgehen kann.
4. In der Clique sind es immer die Gleichen, die Vorschläge machen, was wir tun könnten.
5. Ich bewundere Mädchen, die mal so richtig in die Luft gehen können, wenn sie sauer sind.
6. Ich finde es toll, wenn jemand immer offen und ehrlich über seine Probleme reden kann.
7. Ich ärgere mich oft über meine Schüchternheit. Besonders dann, wenn ich einem süßen Jungen begegne.
8. Ich würde gerne in flippigeren Klamotten rumlaufen, aber ich weiß nicht, ob mir ausgefallene Outfits überhaupt stehen.
9. Ich würde gerne mal mit einer Jugendgruppe in die Ferien fahren.
10. Ich frage mich oft, wie meine Freundinnen das schaffen: Sie wissen immer, was angesagt ist, und werden sofort von Jungs umlagert, wenn wir zusammen ausgehen.

→ Wenn du fünfmal und öfter mit Ja geantwortet hast, dann ist deine Zeit gekommen!

Du sehnst dich danach, deiner Persönlichkeit neuen Pep zu geben. Irgendwie hast du nämlich das Gefühl, dass ein bisschen zu viel graue Maus in dir steckt. Du beobachtest dich und deine Umwelt deshalb ganz genau und schaust hin, was dir an anderen Mädchen gut gefällt. Das ist kein billiges Kopieren, sondern deine sehr gefühlvolle Auseinandersetzung mit deinem Ego. Für deinen Geschmack gehen deine Vorstellungen nämlich zu sehr unter in all dem Partyrummel, Freizeit-Fun und Sportspaß. Du willst definitiv mehr mitbestimmen und nicht weiter nur im Hintergrund agieren. Kein Problem: Auf den nächsten Seiten findest du eine Vielzahl von Tipps und Tricks, die dich deinem Ziel näher bringen.

→ Wenn du weniger als fünfmal mit Ja geantwortet hast, ist kein Stress angesagt!

Du willst ja nicht gleich dein ganzes Leben komplett umkrempeln. Das hast du gar nicht nötig. Trotzdem läuft dein Selbstbewusstsein nicht immer ganz rund – aber das ist völlig normal und gehört auf dem Weg zum Erwachsenwerden einfach dazu. Du bist deshalb noch lange keine graue Maus. Auf der Suche nach deiner Persönlichkeit entdeckst du an anderen immer wieder neue Facetten, die dir gefallen und die du dir zum Vorbild nimmst. Wie du die in deine Lebenswirklichkeit einbauen kannst und wie du deinem Ego einen kleinen Kick verpassen kannst, erfährst du auf den folgenden Seiten.

Sanftes Anrollen

Leider ist es nicht so einfach wie im Märchen, wo im Handumdrehen aus einem Frosch ein Prinz oder aus einem Aschenputtel eine Prinzessin wird. Im richtigen Leben gehört viel Mut dazu, seine Rolle zu wechseln. Um am Ende eine echte Erfolgsstory schreiben zu können, müsstest du bereit sein, einige Neuerungen in deinem Leben zuzulassen. Hier die ultimative Vier-Punkte-Liste, wie du das Ganze sanft anrollen lassen kannst:

1 Initiative zeigen

Was sind all deine guten Ideen wert, wenn sie keiner erfährt? Deshalb gilt hier: Ruhig mal den einen oder anderen Vorschlag wagen. Das ist zwar nicht so einfach, aber immer noch die beste Möglichkeit, sich Gehör zu verschaffen. Eine kleine Hilfestellung für besonders Schüchterne ist, seine Idee in eine Frage zu packen wie beispielsweise: »Könnten wir nicht mal in das neue Wellenbad gehen? Ich habe gehört, das soll ziemlich cool sein.«

2 Eigenen Standpunkt vertreten

Um aus deinem Schatten herauszutreten und nicht länger als Mitläufer zu gelten, ist es wichtig, eine eigene Meinung zu haben und auch zu äußern. Damit ist nicht gemeint, dass du deine Vorschläge auch immer und unter allen Umständen durchsetzen musst. Aber du solltest zu deiner Meinung stehen, denn dann wirst du von anderen als Persönlichkeit wahrgenommen. Was richtig viele Sympathiepunkte bringt, ist der folgende Trick: Anstatt stur auf deiner Meinung zu beharren, solltest du auch die Ansichten der anderen anerkennen und vielleicht nach Kompromissen suchen.

3 Souverän auftreten

Nur wer gelassen und entspannt auf andere reagiert, wirkt positiv. Das bedeutet auch: Solltest du dich beispielsweise wirklich mal verhaspeln oder in ein Fettnäpfchen treten, lach darüber! Denn wer sich hierbei öffentlich ärgert, wird nur noch mehr Spott auf sich ziehen. Sehr viel klüger ist es, das Gelächter einfach mitzumachen und sich selbst ein bisschen auf den Arm zu nehmen. Und sogar eine kleine Notlüge wird dir durchaus verziehen, wenn du sie unumwunden zugibst und dich darüber amüsierst.

4 Interessant sein

Selbst wenn alle deine Klassenkameradinnen zum Beispiel zur gleichen Zeit das Gleiche sammeln: Interessanter ist dennoch diejenige, die etwas anderes tut. Klar ist das nicht besonders einfach, mit extrem spannenden und ungewöhnlichen Hobbys mal schnell aufzuwarten. Aber viele unglaublich erfolgreiche Menschen sind deshalb so gut geworden, weil sie sich für ein Spezialgebiet interessiert haben und dabei zu den Ersten gehörten.

ROLLENSUCHE

Du willst dich verändern? Vielleicht hast du sogar schon ein konkretes Bild vor Augen, wie du gern sein möchtest. Und natürlich ist Träumen erlaubt! Aber Vorsicht: Wenn du ein Ziel erreichen und dabei nicht gleich eine Schlappe einstecken willst, solltest du realistisch bleiben. Am einfachsten ist es, wenn du bei der Suche nach einer neuen Rolle da ansetzt, wo sowieso deine Stärken liegen. Darauf darfst du dich dann allerdings nicht ausruhen. Wenn du dir deiner Stärken bewusst bist, hast du das nötige Selbstbewusstsein, dich um deine Schwächen zu kümmern.

Stärken ausloten

Temperamentvoll, Trendsetter oder Teamplayer, witzig, kreativ oder stylish – es gibt viele Attribute, die dein Ego als begehrenswert empfindet. Doch was steckt eigentlich dahinter? Und hast du das Zeug dazu, die entsprechenden Charaktereigenschaften mit Leben zu füllen? Fragen über Fragen, die einen manchmal viel zu schnell dabei ausbremsen, sich ganz neu auszuprobieren. Bestimmt besitzt du aber auch eine ganze Menge toller Eigenschaften, denen du viel zu wenig Beachtung schenkst. Der folgende Fragebogen hilft dir dabei, zu entscheiden, welchen deiner Talente du ein wenig auf die Sprünge helfen kannst.

1 Wenn es ums Aussehen geht, fragen mich meine Freundinnen oft um Rat?

Wenn du das mit Ja beantwortest, dann schlummert in dir eine kleine Styling-Queen. Du hast in den Augen deiner Freundinnen einen super Geschmack für Beauty und Fashion, deshalb legen sie Wert auf deine Meinung. Warum also unsicher sein, wenn du ein ganz besonders auffälliges Outfit in einer Boutique entdeckst? In der Umkleidekabine verrät dir dein Spiegelbild, dass du darin klasse aussiehst. Vertrau auf deinen Eindruck und greif zu. Du musst ja nicht gleich am nächsten Tag in der Schule damit auflaufen. Aber für die nächste Party ist es garantiert einen Versuch wert. Und: Spätestens wenn du die ersten Komplimente für dein Styling erhältst, sind alle Zweifel wie weggeblasen!

2 Wenn es darum geht, ein Cliquen-Date auszumachen, hältst du dich in der Regel zurück. Aber wenn du mal einen Vorschlag machst, kommt der meistens richtig gut an?

Wenn du das mit Ja beantwortest, solltest du ruhig öfter die Regie für Fun und Action übernehmen. Das beweisen dir die Reaktionen deiner Freunde, die deine Vorschläge gerne annehmen, auch wenn sie nur selten kommen. Bestimmt hast du im Kopf immer eine gute Idee parat. Lass sie einfach raus. Und wenn dann doch mal eine Absage kommen sollte, ist das kein Beinbruch, denn die anderen werden es dir trotzdem danken, weil du den Anstoß dazu gegeben hast, überhaupt zu diskutieren, was ihr unternehmen könntet.

3 Im Urlaub fällt es dir nicht schwer, neue Leute kennenzulernen?

Wenn du das mit Ja beantwortest, dann musst du dich auch zu Hause nicht hinter deiner vermeintlichen Schüchternheit verstecken. Schließlich hast du bewiesen, dass du offen auf andere zugehen kannst. Wenn du jemanden näher kennenlernen willst, versetz dich deshalb einfach in deine Urlaubslaune zurück. Ruf die positiven Gefühle hervor, die du dabei hattest. Das gibt dir die nötige Sicherheit, wenn du einen Fremden ansprechen willst. Im Grunde weißt du genau, dass du das kannst!

4 Du freust dich, wenn du in der Schule anderen helfen kannst?

Wenn du das mit Ja beantwortest, dann gehörst du garantiert nicht zu den Einzelkämpfern, die alleine an ihren Schreibtischen vor sich hin büffeln. Und du musst schon gar nicht Angst davor haben, als Besserwisserin zu gelten, nur weil du Klassenkameraden deine Unterstützung anbietest. Im Gegenteil, denn bestimmt haben die wiederum in anderen Fächern Qualitäten, von denen du profitieren kannst. Warum deshalb nicht eine kleine Lernclique gründen, in der jeder für Input sorgt und somit auch alle auf ihre Kosten kommen?

5 Mit deiner besten Freundin kannst du herumalbern und dich totlachen. Doch auch wenn sie dir tausendmal sagt, wie witzig du bist, hast du in einer größeren Runde Angst, dich zu blamieren?

Wenn du das mit Ja beantwortest, solltest du deinen Humor nicht länger unter Verschluss halten. Offensichtlich kann man mit dir wirklich Spaß haben – ganz einfach weil es dir gelingt, dabei auch mal über dich selbst zu lachen. Deshalb musst du in der Clique nicht gleich den Clown abgeben. Aber eine witzige, ironische Bemerkung hier und da, die dir ohnehin auf der Zunge liegt, bringt dir garantiert eine Menge neuer Bewunderer ein. Denn wer viel lacht, wirkt offen und sympathisch.

6 Du weißt genau, was du willst, und kannst dich deinen Eltern gegenüber meistens durchsetzen?

Wenn du das mit Ja beantwortest, steckt dahinter die Fähigkeit, geradlinig, zielgerichtet und logisch denken zu können. Das kannst du auch bei deinen Freunden super umsetzen. Denn wenn viele neue Ideen auf den Tisch gebracht werden, geht es oft durcheinander und zum Schluss weiß niemand mehr, was Sache ist. Du bist in solchen Situationen die perfekte Moderatorin, die Gedanken sammelt und immer wieder in die Spur bringt. Damit beugst du unnötigem Stress vor und schaffst es, so zu sortieren, dass ihr am Ende alle wieder auf einer Wellenlänge seid.

7 Für deine Geburtstagspartys bekommst du immer superviele Komplimente, weil alles passt: Die Musik stimmt, beim Essen reicht deine Kreativität weit über Nudelsalat mit Würstchen hinaus und du schaffst es, für Spaß zu sorgen, ohne groß in der Kinderspielkiste zu kramen?

Wenn du das mit Ja beantwortest und Party-Vorbereitungen für dich kein Stress, sondern Spaß bedeuten, solltest du die Event-Managerin in deiner Clique werden. Plant jemand ein Fest, biete deine Hilfe an und liefere ein paar Ideen für das Motto, die Musik und das Drumherum. Vielleicht habt ihr ja auch einen Partyraum und deine Eltern erlauben dir, öfter mal deine Freunde einzuladen. Garantiert wirst du dadurch schnell zur gefragtesten Gastgeberin in deiner Umgebung.

Schwächen ausbügeln

Klar, jeder hat Schwächen, und das ist ja auch nicht weiter schlimm. Schließlich hat man dafür auf der anderen Seite der Bilanz genauso viele Stärken. Allerdings machst du dir es schon sehr einfach, wenn du bei jedem Fehler nur die Schultern zuckst und dir sagst: »Ich bin eben so!« Leidest du unter einer deiner Schwächen, solltest du unbedingt etwas dagegen tun. Das erfordert viel Mut, Überwindung und manchmal auch große Ausdauer. Aber so gut wie nichts ist unmöglich. Das lehren uns prominente Beispiele:

- Albert Einstein erhielt den Nobelpreis, obwohl er in der Schule sogar einmal sitzen geblieben ist!
- Dieter Thomas Heck wurde ein erfolgreicher Moderator, obwohl er als Junge einen Sprachfehler hatte und »Stotter-Heini« genannt wurde.
- Liv Tyler glänzt in Filmen in ihren Rollen als Traumfrau, obwohl sie als Kind pummelig war und sich absolut hässlich fand.

Wie du ein scheinbar unerreichbares Ziel erreichen kannst, erfährst auf im Kapitel »Träume verwirklichen« ab Seite 192.

Traumrollen

In einer Clique ist die Rollenverteilung von besonderer Wichtigkeit. Obwohl sich Cliquen nach dem Zufallsprinzip gründen und es alle möglichen Varianten wie Mädchen-Cliquen, Shopping-Cliquen, Disco-Cliquen, Sport-Cliquen gibt, kann nur jemand dabei sein, der auch eine ihm entsprechende und freie Rolle übernimmt. Nur so kann diese Gemeinschaft reibungslos funktionieren.

Je älter du wirst, desto mehr Platz wird deine Clique in deinem Leben einnehmen und du wirst mehr Zeit mit deinen Freunden als mit deiner Familie verbringen. Deshalb ist es besonders wichtig, dass du auch eine echte Traumrolle findest. Auf den folgenden Seiten sind die wichtigsten Typen beschrieben. Aber natürlich gibt es darüber hinaus noch jede Menge Misch- und Sondertypen.

DAS FUN-GIRL

Ihr Name ist Programm. Langeweile kennt sie nicht – die Ideen sprudeln nur so aus ihr heraus. Dabei kann das Fun-Girl sehr fein unterscheiden, was gerade in der Clique angesagt ist und was zu den Oldies von gestern gehört. Sogar entnervende Feiertage wie Ostern und Weihnachten kann sie noch zu echten Bringer-Tagen machen und sie hat garantiert die witzigsten Ausreden für den Notfall parat. Selbst so peinliche Veranstaltungen wie Pyjamapartys können mit ihrer Hilfe zum echten Knaller werden.

DIE KUMMER-KASTENTANTE

Was auch immer für Sorgen existieren, ob mit den Eltern, der Schule oder der besten Freundin – bei ihr wird jeder seinen Kummer los. Sie ist der Mülleimer der gesamten Clique und mit Nerven aus Stahl ausgerüstet. Deshalb kannst du ihr auch zum tausendsten Mal den gleichen schlechten Traum erzählen und aus vollster Brust jammern. Sogar hemmungslos ausweinen ist bei ihr nicht peinlich. Das Beste an ihr: Sie schweigt wie ein Grab. Kein Wunder, dass sie auch bei allgemeinen Verstimmungen und Grüppchenbildung die Oberhand behält und extrem ausgleichend wirkt. Selbst die allergrößten Streithennen werden durch ihre sensible Art schnell versöhnt.

DIE LUSTIGE

Schlechte Stimmung in der Clique? Dann ist sie die perfekte Antwort auf alle hängenden Gesichter und mauligen Antworten. Denn die Lustige hat immer coole Jokes auf Lager und kennt die besten Gags, mit denen sogar Scheintote wieder zum Leben erweckt werden können. Und obwohl der Spaßfaktor bei ihr großgeschrieben wird, ist ihr der Unterschied zwischen über »etwas« und über »jemanden« lachen sehr wohl bewusst. Außerdem spürt sie mit ihren feinen Sensoren, ob die dicke Luft in der Clique nur eine Tageslaune ist oder ob etwas Größeres dahintersteckt und sie mit ihren Witzchen nicht weiterkommt.

DIE NÖRGLERIN

Auch wenn's echt nervt: Eine Zicke gehört dazu! Obwohl sie als Spaßbremse ganze Sommer-Sonnen-Bade-Nachmittage mit ihrem Gejammer über zu viel Sonne/zu wenig Sonne oder zu kleines Handtuch/zu großes Handtuch komplett ruinieren kann, ist sie zum Ausgleich der vielen Charaktere innerhalb einer Clique superwichtig. Und oft hat sie mit ihren ewigen Zweifeln und Einwänden nicht einmal so unrecht: Sie holt euch auf den Boden der Tatsachen zurück und bewahrt euch vor manch einer Dummheit, wenn ihr an einer Sache nur den Spaßfaktor seht und nicht die Gefahren bedenkt. Außerdem wichtig: Ohne sie gäbe es viel weniger Gesprächsstoff.

DIE KLATSCHTANTE

»Hast du das und das schon gehört?« – »Was läuft denn zwischen Pia und Max?« –»Heute Abend um acht, fette Party bei Michi!« – Wenn es jemanden gibt, der über alles und jeden Bescheid weiß, dann ist es die Klatschtante. Sie ist Handy, Briefkasten, E-Mail, heißer Draht und Sprachrohr in einem. Dafür braucht sie viele Antennen und Kanäle, um auch alle News zu erfahren. Aber wie auch immer sie es anstellt – hast du eine Frage, dann wende dich an sie. Sollte sich gerade in puncto Klatsch nichts Aufregendes tun, könnte es sein, dass sie auch mal die eine oder andere Geschichte erfindet oder Gerüchte in die Welt setzt. Meist handelt es sich dabei aber um eher harmlose Storys.

DIE QUEEN

Natürlich, eine muss es geben! Was sie sagt, ist Gesetz – findet sie zumindest. Sie bestimmt, wo es langgeht, was an Fun und Action läuft und wer dazugehört und wer nicht. Sie hat mit Sicherheit immer das letzte Wort und neigt dazu, andere unterzubuttern, indem sie ihre Wünsche und Vorstellungen knallhart durchsetzt. Nun kannst du das natürlich unterwürfig hinnehmen und brav deinen Mund halten. Manchmal brauchen aber auch Cliquen-Königinnen ein klares Nein, um nicht vollends abzuheben. Die Queen trifft jedoch nicht nur alle wichtigen Entscheidungen, sondern sie übernimmt auch die Verantwortung dafür, wenn es hart auf hart kommt.

ROLLEN-PROBE

Training fürs neue Ich

Du weißt, wo deine Stärken und Schwächen liegen, und bist fest entschlossen, dein Image etwas aufzupeppen? Dann bist du schon einen Riesenschritt weiter! Doch wie kannst du deine Ziele nun umsetzen und wie findest du in deine Traumrolle? Klar, es ist noch kein Meister vom Himmel gefallen, aber keine Sorge: Mit den folgenden Tipps und Tricks passt dir deine neue Rolle bald wie angegossen. Und dann kannst du sie das erste Mal in der Öffentlichkeit ausprobieren – in deiner persönlichen Generalprobe!

TRÄUME VERWIRKLICHEN

Jungs sollen dir zu Füßen liegen, deine Freundinnen sollen dich um dein Näschen für Fashion-Trends beneiden, in der Schule willst du super ankommen und deine Eltern sollen machen, was du willst? Das muss nicht länger nur ein Traum bleiben! Denn du kannst Erfolg auf der ganzen Linie haben – egal was du dir auch vornimmst. Das funktioniert ganz einfach, wenn du einen passenden Plan für die Umsetzung deiner Ziele hast. Auf den nächsten Seiten findest du die Strategien, die dir zu deinem perfekten Glück noch fehlen.

Problem erkennen

Dein Schwarm hängt plötzlich mit der Ziege aus der Nachbarklasse ab, obwohl du gestern noch mit ihm geflirtet hast? Logisch, dass du aus allen rosaroten Wolken fällst und dich fragst, was du falsch gemacht hast. Jetzt hilft, wenn du ehrlich zu dir selbst bist. Denn irgendwo muss dir ein Fehler bei deiner Flirt-Strategie unterlaufen sein. Hast du ihn vielleicht zu lange zappeln lassen, statt schnell ein Date mit ihm auszumachen? Warst du zu schüchtern?

Oder deine Eltern erlauben dir nicht, dass du ausnahmsweise etwas länger als sonst auf der Party bleiben darfst? Dann hast du möglicherweise nicht die richtigen Argumente ge-

bracht oder bist in die Luft gegangen, als sie nicht gleich nachgegeben haben. Oder hast du einfach den falschen Zeitpunkt für deine Bitte gewählt, als sie gestresst aus der Arbeit kamen?

Und wenn du wieder einmal zusammen mit deiner Clique auf Club-Hopping gehst, obwohl du viel lieber einen Film im Kino angeguckt hättest, hast du deinen Wunsch vielleicht nicht deutlich genug geäußert?

➔ Sei ehrlich zu dir und finde heraus, warum du Misserfolg hattest. Denn hast du das Problem erst einmal erkannt, bist du schon einen Schritt weiter. Beim nächsten Mal wird dir derselbe Fehler bestimmt nicht mehr unterlaufen!

Ziel fixieren

Du willst dich am Wochenende mit deinem Schwarm verabreden und gleichzeitig mit deiner Freundin shoppen gehen und für die Schule büffeln, weil du deine Note in Mathe verbessern möchtest. Puh! Klingt nach einem vollen Programm – vor allem wenn die Eltern noch dazwischenpfuschen, weil du dein Zimmer endlich aufräumen sollst. Logisch, dass du am liebsten alles auf einmal erreichen willst! Aber auf vielen Hochzeiten gleichzeitig tanzen geht meistens ziemlich in die Hose. Besser ist es, schleunigst eine Notbremse zu ziehen, um dir mit einer Favoritenliste klarzumachen, was dir am wichtigsten ist. Steht dann das Date mit deinem Traumboy an oberster Stelle, hast du schon halb gewonnen. Denn jetzt weißt du, worauf du mit deiner ganzen Power hinarbeiten willst!

➔ Mach dir also erst mal den Kopf frei von all deinen anderen Verpflichtungen, egal ob du sie dir selbst gesetzt hast oder jemand sie von dir einfordert!

Reihenfolge festlegen

Nur weil du dir sicher bist, dass du zuallererst eine Verabredung mit diesem süßen Typen erreichen willst, behalten deine anderen Vorhaben trotzdem ihre Gültigkeit. Verlierst du sie komplett aus den Augen, stellst du später gefrustet fest, dass dir mal wieder etwas nicht gelungen ist. Das muss nicht sein, weil du schließlich als Siegerin auf ganzer Linie hervorgehen sollst.

Mach dir deshalb eine Liste mit deinen Zielen und sortiere sie nach ihrer Wichtigkeit. Ganz oben auf dieser Hitliste steht das Date mit deinem Schwarm. Möglich, dass gleich danach dein Wunsch nach angesagten Outfits kommt. Was folgt, ist die Mathe-Note und das Aufräumen deines Zimmers. Jetzt solltest du prüfen, ob diese Reihenfolge realisierbar ist. Hast du für die nächste Matheprüfung noch über eine Woche Zeit, verschiebst du die Lernrunde ganz nach hinten. Gleichzeitig ist es möglicherweise besser, die Aufräumaktion an die oberste Stelle zu holen, weil du dann bei deinen Eltern bessere Karten zum Ausgehen hast. Danach hast du genügend Zeit und Ruhe, deinen Schwarm anzurufen. Steht das Date, triffst du dich mit deiner Freundin zur Fashion-Beratung.

➔ Wer seine Ziele fixiert und ihnen eine Rangfolge gibt, kann munter jonglieren und kommt dennoch nicht ins Schleudern!

Selbstbewusstsein pushen

Möglich, dass du zu den Mädchen gehörst, die genau wissen, wie sie vorgehen könnten – wenn sie sich nur trauen würden. Eine Extraportion Selbstbewusstsein sollte deshalb auf deiner persönlichen Erfolgshitliste ganz oben stehen. Oft reicht ein wenig Übung, um dich schnell auf die Überholspur zu bringen. Wenn du es satt hast, dass deine Clique alles über deinen Kopf hinweg bestimmt, du mal wieder Luft für deinen Schwarm bist oder dich in dein Zimmer verkriechst, weil deine Eltern dich nicht zu der angesagtesten Party des Jahres lassen wollen, biete deinen Widersachern die Stirn und lass dich nicht einfach kleinkriegen!

Dazu muss deine Körpersprache passen. Wer mit gesenktem Blick und leiser Stimme Forderungen stellt, findet selten Gehör. Blickst du deinem Gegenüber hingegen fest in die Augen und sagst deutlich, was du möchtest, stellst du klar, dass dir dein Wunsch wichtig ist und du ein Nein nicht sang- und klanglos akzeptierst. Das kannst du üben: Stell dich vor den Spiegel und sage immer wieder laut und deutlich: »Ich will!« Nimm die Worte auf Kassette auf, um zu prüfen, wie ausdrucksstark sie rüberkommen. Du kannst auch ein Video von dir selbst drehen. Auch super, wenn es darum geht, etwas bei Clique, Eltern oder Lehrern zu erreichen: Check deine Argumente! Am besten schreibst du im Vorfeld deiner Verhandlungen genau auf, was dir warum wichtig ist. Dann bist du perfekt vorbereitet und hast auf alles die passende Antwort.

➔ Ein ordentlicher Kampfgeist muss einfach sein, wenn es um deinen Erfolg geht!

Testphase starten

Gerade wenn du glaubst, dass du deine Ziele oft nicht erreichst, weil du zu schüchtern bist und dich deshalb nicht durchsetzen kannst, hilft dir ein Test in weniger heiklen Situationen. Du kannst üben, dass es gar nicht so schwer ist, andere von deinen Ansichten oder von dir selbst zu überzeugen.

Starte deine Testphase für mehr Power und Erfolg auf ungefährlichem Terrain. Sprich einen Boy an, den du zwar nett findest, in den du dich aber nicht verlieben würdest, ob er mit dir zum Eisessen kommt. Beobachte dich dabei, denn vermutlich wird dir deine Einladung ganz locker von den Lippen gehen. Erinnere dich im Ernstfall, wenn du vor deinem Schwarm stehst, daran, wie leicht es eigentlich ist, jemanden anzusprechen. Dann bist du automatisch entspannter.

Ein kleiner Test bringt dich auch weiter, wenn du dein Styling verändern möchtest. Statt sofort Jeans und T-Shirt mit absoluten Trend-Outfits zu vertauschen, fang lieber mit einem gewagten Top an. Bevor du im neuen Look auf eine Party gehst, präsentiere ihn zunächst einer Freundin, die sich mit Trends bestens auskennt und dich garantiert gerne beraten wird.

➔ Übung macht den Meister!

GEHEIMWAFFE AUSSTRAHLUNG

Sicher hast du das schon oft beobachtet: Manche Leute betreten den Raum und schon ziehen sie alle Blicke auf sich. Ihr Geheimnis hat zwölf Buchstaben und heißt Ausstrahlung. Und das solltest auch du dir zunutze machen, denn mit der richtigen Ausstrahlung kommst du überall gut an. Dabei ist es ganz egal, welche Rolle du übernommen hast – ob du total redselig bist und überall gute Laune verbreitest, ob du Autorität vermittelst oder ob du eher mit deiner ruhigen, besonnenen Art glänzt.

Was die Strahlkraft bewirkt

Merkwürdigerweise ist in Sachen Ausstrahlung das Äußere meist gar nicht ausschlaggebend. Denn selbst wenn jemand aufgrund seines tollen Aussehens im ersten Moment Aufmerksamkeit erregt, ist das Interesse an dieser Person schnell wieder verflogen, wenn sie sich zum Beispiel sehr arrogant verhält oder einfach Müll redet. Andererseits kann ein Mädchen, das nicht unbedingt über Modelmaße verfügt und wie Angelina Jolie aussieht, trotzdem umschwärmter Mittelpunkt sein. An ihren Lippen kleben alle, weil sie Superspannendes zu erzählen hat, richtig witzig ist und dieses bestimmte Etwas besitzt.
Aber wie macht sie das? Und was ist diese Ausstrahlung, dieses gewisse Etwas – auch Charisma genannt?

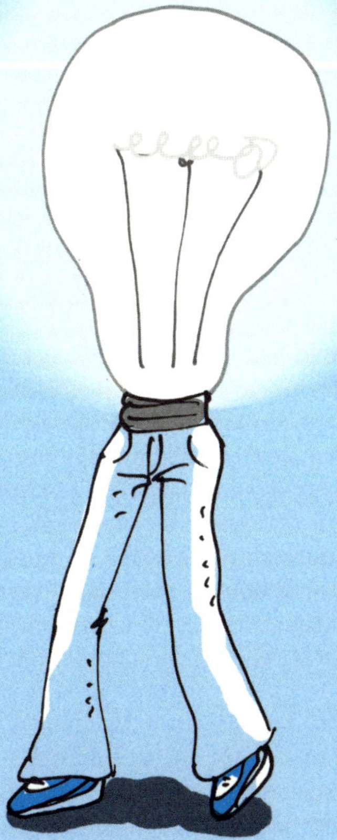

Was ist Charisma?

Das Wort Charisma kommt aus dem Griechischen und bedeutet Gnadengabe. Denn es wurde als göttliche Gabe betrachtet, dass manche Menschen mit dieser besonderen, fast magischen Energie ausgestattet waren. Deshalb, so glaubten die Alten Griechen, war diese Ausstrahlung auch nur Auserwählten vorbehalten. Die moderne Wissenschaft geht dagegen davon aus, dass jeder die Grundlagen für eine super Ausstrahlung besitzt. Eigenschaften wie trösten, aufmuntern, zuhören, Anteil nehmen und dabei aber auch über sich selbst lachen können sind die besten Voraussetzungen dafür. Denn Charisma – und davon ist man heute überzeugt – entsteht aus einer Mischung aus Glauben an sich selbst und selbstsicherem Auftreten.

Das kann ich auch!

Richtig! Denn es ist tatsächlich möglich, mit ein bisschen Fleiß und Übung an seiner Ausstrahlung zu arbeiten und seine positive Wirkung auf andere Menschen zu erhöhen. In der Psychologie geht man von zehn verschiedenen Persönlichkeitsmerkmalen aus, die für ein tolles Charisma nötig sind:

1 Werde dir deiner Stärken bewusst!

Überlege dir einmal genau, was du besonders gut kannst und wo du vielleicht kleine Schwächen hast. Denn egal wo deine Stärken liegen, wichtig ist nur, dass du sie kennst und dir ihrer sicher bist. So bist du nämlich auch gut gerüstet für Situationen, wo dein Selbstbewusstsein gerade mal nicht in Höchstform ist. Statt dich hängen zu lassen, kannst du dir so immer wieder sagen: Ich weiß, was ich kann, und ich bin gut darin!

Tipp: Am besten nimmst du dir ein Blatt Papier, teilst es in zwei Hälften und machst eine Plus-Das-kann-ich-gut- und eine Minus-Das-ist-nicht-so-mein-Ding-Spalte. So kannst du schön übersichtlich sehen, wie du dich selbst bewertest. Stell dir ruhig die Frage: Was habe ich, was andere nicht haben? Beispielsweise tolle Haut, schöne Augen, skurrilen Humor oder ein gutes Händchen für den blöden Mathelehrer ...

2 Lebe in der Gegenwart!

Wer immer wieder darüber nachdenkt, was er hätte anders oder besser machen können, verschwendet nur unnötig Energie. Vergangen ist vergangen und sehr viel spannender ist doch, was alles noch kommt. Deshalb leben Menschen, die viel Charisma haben, stets in der Gegenwart. Freue dich also über den Augenblick und versuche, auch die kleinen Freuden des Alltags zu genießen.

Tipp: Überlege dir gleich morgens nach dem Aufwachen drei Dinge, auf die du dich an diesem Tag freuen kannst.

3 Hab Mut!

Zwar kann man prima und unauffällig durchs Leben gehen, wenn man sich gerade in brenzligen Situationen schön leise verhält und bloß keine Stellung bezieht. Aber Charisma beweist man damit nicht. Im Gegenteil: Nur jemand, der den Mut aufbringt, auch mal etwas zu wagen, wird sich vom Durchschnitt positiv herausheben und auf sich aufmerksam machen. Dabei geht es bestimmt nicht darum, immer gleich einen Streit vom Zaun zu brechen, sondern nur darum, zu seinem Standpunkt zu stehen, auch wenn es mal unbequem ist.

Tipp: Hast du starke Hemmungen, kannst du sie vielleicht damit überwinden, wenn du dir einmal klarmachst, was denn das Schlimmste wäre, das dir passieren könnte. Selbst wenn deine Vorschläge nicht angenommen oder deine Argumente durch bessere widerlegt werden – was soll's! Davon geht die Welt wahrlich nicht unter, aber du hast gezeigt, dass du dich engagierst! Und das ist sehr wohl eine ganze Menge.

Achtung, Körperhaltung!

Wer mit hängendem Kopf und hängenden Schultern durchs Leben läuft, wird mit Sicherheit nicht besonders positiv auf sein Umfeld wirken. Deshalb: Immer schön aufrecht gehen und den Kopf gerade halten. Ganz wichtig ist außerdem, deinem Gesprächspartner so oft wie möglich direkt ins Gesicht zu schauen. Das bedeutet nicht, ihn anzustarren. Aber mit einem freundlich interessierten Gesichtsausdruck schaffst du Vertrauen und hinterlässt einen positiven, sympathischen Eindruck.

Tipp: Körperhaltung und Gestik kannst du super vor dem Spiegel üben. Und Vorsicht: Selbst wenn du ziemlich nervös bist – Fingertrommeln oder Beinwippen sind absolute Charisma-Killer! Unbedingt vermeiden!

5 Entscheidungen fällen!

Natürlich ist es manchmal richtig ätzend, sich zwischen zwei Dingen entscheiden zu müssen. Aber umso länger du darüber nachdenkst, umso größer ist das Risiko, dass jemand anders für dich entscheidet oder deine Entscheidung letztlich gar keine Rolle mehr spielt. Deshalb: Gib dir einen Ruck und schlage einen der vorgegebenen Wege ein. Denn in den meisten Fällen kann selbst eine falsch getroffene Entscheidung schnell wieder korrigiert werden. Aber Unentschlossenheit lähmt nicht nur die eigene Lebensfreude, sondern wirkt auch auf andere zäh und langweilig. Und das willst du ja schließlich auf keinen Fall sein. Also, ganz nach dem Motto: No risk, no fun!

Tipp: Vielleicht beginnst du mit etwas, das du schon ganz lange erledigen beziehungsweise entscheiden wolltest und das du bisher immer auf die lange Bank geschoben hast. Jetzt packst du es an!

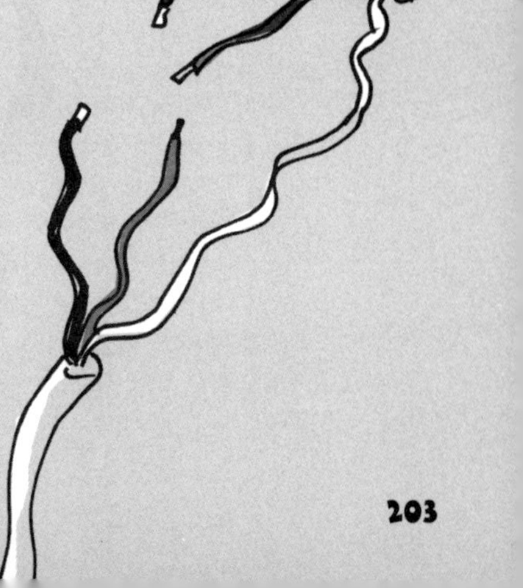

204

6 Selbstmitleid, ade!

Denkst du manchmal, dass du es schlechter hast als alle anderen? Dass du benachteiligt bist? Schluss damit – und zwar sofort! Du bist so, wie du bist, und das ist wunderbar! Nimm dein Leben an – und in die Hand. Lebe jetzt und freue dich auf die Zukunft, denn die kannst du aktiv mitgestalten. Egal was gestern oder vor zwei Jahren war, setz ruhig mal die rosa Brille auf. Lass die anderen »Opfer« sein, du spielst lieber die Rolle des »Machers« und wirst vor positiver Ausstrahlung nur so sprühen.

Tipp: Mach dir eine Liste, was deine nächsten Ziele sind und wie du sie erreichen kannst, ohne verbissen oder kampfhennenmäßig unterwegs zu sein.

7 Entwickle Begeisterung!

Kaum etwas anderes lässt dich mehr erstrahlen als Begeisterung – der ultimative Charisma-Kick. Wenn du wirklich von etwas hin und weg bist, solltest du diese Begeisterung nicht in deinem Herzen unter Verschluss halten. Gib sie weiter, damit auch andere etwas davon haben! Denn dann strahlen deine Augen, deine Gesten sind gewinnend und deine Stimme quicklebendig. Erzähle von den Dingen, die du toll findest, lass andere teilhaben an deiner Welt und wickle sie ein mit deinen Erlebnissen – und schon hast du gewonnen! Das Beste daran: Es macht auch noch richtig Spaß, enthusiastisch zu sein und andere in seinen Bann zu ziehen.

Tipp: Vor allem wenn mal wieder die Super-Miesepeter-Stimmung grassiert, kannst du richtig punkten, wenn du positiv bleibst und kreative Vorschläge bringst, damit sich auch die Laune der anderen bessert. Auf diese Art und Weise wirkst du noch strahlender!

8 Du bist, wie du bist!

Es gibt Menschen, die hoffen, dass sie, wenn sie immer zu allem Ja und Amen sagen und immer nur nett sind, von allen anderen gemocht werden. Da sind sie aber ganz schön auf dem Holzweg! Und vor allem: Mit Ausstrahlung und Charisma hat das mal gar nichts zu tun! Sogar das Gegenteil ist häufig der Fall: Jemand, der immer lieb und nett ist und das tut, was alle anderen tun, erscheint uns bald als langweilig. Und wer bleibt uns im Gedächtnis haften? – Stimmt, derjenige, der interessant ist, der auch mal was anderes macht, seine eigene Meinung vertritt und sich auch mal traut, zickig zu sein! Also: Steh zu dir selbst und akzeptiere dich mit allem, was du bist und hast, und mit allen Ecken und Kanten. Das ist ein großer Schritt in Richtung Ausstrahlung.

Tipp: Hilfreich ist es, wenn auch deine Freundinnen über ein gewisses Maß an Mut und Selbstbewusstsein verfügen. Ein püppchengleiches Wesen an deiner Seite würde dich nur blockieren.

9 Zeig Gefühle!

Es ist völlig okay, seine Gefühle auch anderen gegenüber zu zeigen. Das wirkt nicht nur äußerst sympathisch, sondern gibt auch anderen die Möglichkeit, sich ebenfalls zu öffnen. Ganz wichtig sind dabei sogenannte Ich-Botschaften. Statt zu sagen: »So ein Blödmann!«, ist es besser, sich beispielsweise so auszudrücken: »Ich habe mich super über den und den geärgert!« Damit lässt du den Leuten in deinem Umfeld die Möglichkeit, sich ein eigenes Bild über den Vorfall zu machen. Und du bekommst so vielleicht auch mal eine ganz andere Sichtweise zu hören.

Tipp: Was richtig gut ankommt: Positive Äußerungen. Sätze wie »Das finde ich richtig gut!« oder »Das hast du echt super gemacht!« sind der absolute Hit.

10 Interessiere dich für andere!

Nur wer mit offenen Augen durchs Leben geht, kann die vielen schönen Dinge dieser Welt sehen und genießen. Wichtig dabei ist, auch die Menschen wahrzunehmen, die sich innerhalb deines Kosmos bewegen. Versuche, dich ein wenig für sie zu interessieren, ohne jedoch gleich zu übertreiben. Denn nicht jeder Schwank aus ihrem Leben ist wirklich unterhaltsam. Aber du wirst überrascht sein, was der Postbote oder der Kioskbesitzer alles zu erzählen haben. Und das Beste daran: Interessierst du dich für andere, weckst du automatisch ihr Interesse an deiner Person. Und kannst so prima üben, auch mal von dir zu erzählen.

Tipp: Zuhören können ist eine wirklich schöne Gabe, die leider nicht so viele haben. Sie bedeutet aber nicht, dass du deshalb gleich zum Seelenmülleimer anderer werden musst. Also immer schön unterscheiden, ob jemand etwas zu erzählen hat oder sich einfach nur »auskotzen« will.

Die Top Ten der Charisma-Killer

1. Sich ständig mit anderen vergleichen
2. Etwas tun, nur weil »man« es halt tun soll
3. Auf andere neidisch sein
4. Es allen recht machen wollen
5. Immer perfekt sein
6. Sich selbst bemitleiden
7. Viel zu hohe Ziele anpeilen
8. Auf der eigenen Sicht der Dinge beharren
9. Immer wahnsinnig tiefsinnig sein
10. Andere für sein Unglück verantwortlich machen

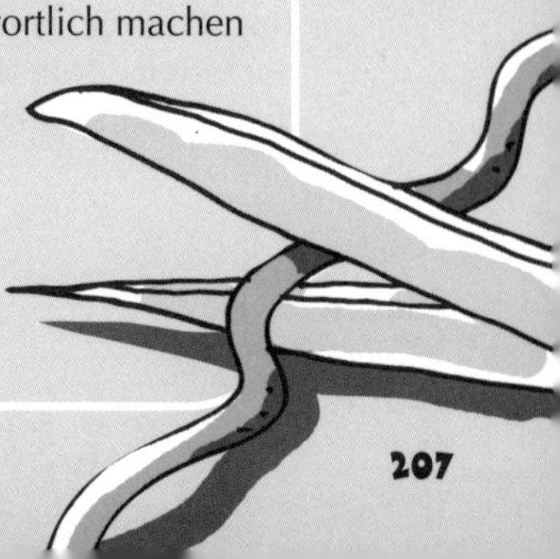

RAUM FÜR NEUES

Jetzt ist Schlussverkauf für dein altes Image! Mach Platz für all deine neuen Eigenschaften. Das schaffst du, wenn du dein Innenleben mal ordentlich aufräumst und richtig ausmistest. Natürlich muss deshalb nicht alles auf den Müll, was bisher deine Persönlichkeit ausgemacht hat. Es genügt, ein paar Dinge über Bord zu werfen. Dazu gehört nicht nur unnötiger Seelenballast, sondern oft sind es einfache Gegenstände, die dir dein neues Leben schwer machen. Wer sich traut, Altlasten zu entsorgen, wird mit einer Extraportion frischer Energie versorgt und dessen Augen sind offen für neue, spannende Entwicklungen im Leben.

Nichts wie weg!

1 Die gesammelten Folgen von Bibi Blocksberg und Co

Hex, hex! Törööö! Herrlich waren die Stunden mit den Hörspielkassetten über lustige Hexen, Elefanten und Kobolde oder mit Büchern unter der Bettdecke, in denen du die Geschichten über coole Mädchen in Internaten aufgesogen hast. Wenn du genau hinsiehst, stellst du aber schnell fest, dass Benjamin Blümchen und seine Verwandten neben Postern angesagter Stars keine gute Figur machen. Das gilt auch, wenn du dich danach sehnst, bei Jungs gut anzukommen. Die könnten nämlich bei einem Besuch bei dir auf die Idee verfallen, lieber eine Runde Memory anstelle eines heißen Flirts mit dir zu starten.

2 Die Bettwäsche mit Pferde- oder Pumuckl-Print

Die Helden deiner Kindheit haben dich lange genug beschützt! Nun ist die Zeit reif für andere starke Typen. Verbanne die Black Beautys oder Kobolde aber nicht nur aus deinem Bett, sondern auch aus deinem Kopf. Zum Einschlafen ist ab sofort Traumkino angesagt und dabei bist du der Star. Das garantiert schöne Gefühle und eine gute Nacht.

3 Die Briefe von deinem ersten Urlaubsflirt

Für dich sind es magische fünf Buchstaben, die dich trotz grauer Wintertage, schlechter Laune oder Liebeskummer wieder zum Lächeln bringen: Wenn du das süß hingekritzelte *Amore* deines ersten Urlaubsflirts samt Brief mit Treueschwüren hervorkramst, scheint in deinem Innersten wieder die Sonne. Aber wie lange ist diese Ferienliebe nun schon her?! Schaff lieber Platz für neue Erinnerungen – zum Beispiel von kurz zurückliegenden schönen Erlebnissen mit deinen Freundinnen. Auch das sorgt für gute Laune und gleichzeitig dafür, dass du den Bezug zur Realität nie verlierst.

4 Die gesammelten Beauty-Pröbchen

Pflaume mit Silberhighlighter war mal und mit knallrot geschminkten Lippen bist du auch noch nie herumgelaufen. Dafür könnte der angestaubte Mikromini-Flakon mit dem Designer-Duft inzwischen Konkurrenz mit Mottenpulver aufnehmen. Und trotzdem greifst du immer wieder zu, wenn deine Mutter Beauty-Pröbchen mit nach Hause bringt. Dabei sind doch die Kleinmädchenzeiten vorbei, in denen du wie ein kunterbunter Clown herumgelaufen bist. Wünsch dir lieber zum Geburtstag oder zum Valentinstag ein Parfum, das wirklich zu dir passt, das neueste Schminkset oder eine edle Creme in Originalgröße. Und Pröbchen sind ab sofort wirklich nur noch zum Ausprobieren und nicht zum Aufbewahren da!

5 Das Passfoto von deinem ersten Freund im Portemonnaie

»Ist das dein Freund?« – Wie lange willst du dir diese Frage noch anhören müssen, bei deren Beantwortung dir immer wieder schmerzlich bewusst wird, dass eure Liebe Vergangenheit ist. Wenn etwas nicht in dein Portemonnaie gehört, dann ein Foto vom Ex! Es wird dir nicht gelingen, ihn an deine Seite zurückzubeamen, nur weil du ihn ständig bei dir trägst. Allerdings verschließt dir der ständige Blick auf sein Bild die Augen für andere schnuckelige Jungs.

6 Deine Lieblingsjeans von vor drei Jahren

Okay, dich hat jeder für diese Jeans bewundert. Und natürlich sahst du darin einfach super aus. Aber inzwischen musst du zugeben, dass Dreiviertel-Hosen mit Schlag merkwürdig wirken und der Knopf sich einfach nicht mehr schließen lässt. Logisch, weil du ein paar Zentimeter größer geworden bist und aus vielen Sachen einfach rauswächst. Grund genug, auch bei deinen Outfits nach Höherem zu streben. Den notwendigen Platz im Kleiderschrank schaffst du dir am leichtesten, indem du etwas Altes entsorgst. Also beim nächsten Jeanskauf von vornherein festlegen, was du dafür wegwirfst.

7 Malen-nach-Zahlen-Bilder

Vom Pferdekopf bis zum romantischen Sonnenuntergang – es gab Zeiten, in denen auch dir eingeredet wurde, dass jeder malen kann. *Malen nach Zahlen* hieß die Wunderkunst, deren Werke noch deine Wände schmücken. Doch mittlerweile ist eine Mappe auf dem Schrank einfach der geeignetere Ort, um sie aufzuheben. Versuch dich stattdessen an Bildern, die besser zu deiner jetzigen Stimmung passen. Oder aber du nutzt den Platz, um Poster von deinen Lieblingsstars aufzuhängen. Toll auch, wenn du deine Kamera öfter mal beim Cliquen-Date dabeihast und anschließend die witzigsten Fotos von deinen Freunden zu einer Collage zusammenfügst und damit dein Zimmer dekorierst.

8 Halbtote Zimmerpflanzen

Wenn selbst die genügsamste Palme ihre Blätter hängen lässt, solltest du endlich zugeben, dass du keinen grünen Daumen hast. Also warum noch länger pflanzliche Leichenschänderei betreiben? Steh dazu, dass du aus deinem Zimmer keinen botanischen Garten machen wirst, und überleg dir lieber, welche Deko besser zu dir passt. Weil du dann auch in deinen vier Wänden deiner Persönlichkeit den richtigen Ausdruck geben kannst.

9 Barbie-Puppen

Gönn endlich deiner kleinen Schwester oder dem Nachbarmädchen all den Spaß, den du mit Barbie und Ken gehabt hast. Denn du solltest dir eingestehen, dass du nie wieder mit Puppen spielen wirst. Statt die Mutter aller Blondinen samt Equipment unter deinem Bett zu horten, solltest du lieber mal nachmessen, wie viele Paar trendy Schuhe du hier unterbringen könntest ...

10 Staubfänger wie Überraschungseifiguren

Vielleicht bist du früher auf Ü-Ei-Messen gerannt in der Hoffnung, durch einen kleinen Schlumpf zur Millionärin zu werden? Aber das *war* einmal! Außerdem regt sich deine Mutter schon lange nicht mehr über die Plastikfigürchen im Regal auf, weil sie beim Staubwischen hinderlich sind. Denn inzwischen musst du selber putzen und hast damit einen echten Grund, dich von deinen Ü-Ei-Helden zu trennen. Deine Zeit kannst du schließlich besser verbringen als mit dem Staubwedel in der Hand!

So wirst du richtig wählerisch

1 Annahme verweigert:
Keine Chance für Werbegeschenke, Flugblätter und Co!

2 Auf Zweifel hören:
Weg damit, sobald du dich fragst, ob du etwas wirklich brauchst.

3 Regelmäßig ausmisten:
Einmal im Monat eine kleine Wegwerfparty feiern.

4 Statt Trennungsschmerz:
Ab auf den Dachboden mit Dingen, an denen dein Herz noch hängt.

5 Keine Chance für Karteileichen:
Einmal halbjährlich Kontakte im Handy checken.

6 Ordnung mit System:
Um Chaos zu verhindern, Kisten für alles, was du im Moment nicht mehr brauchst, anschaffen.

7 Aus den Augen:
Länger als ein Jahr ungeöffnete Kisten entsorgen, ohne einen Blick hineinzuwerfen.

8 Out für Outfits:
Kleiderschrank regelmäßig checken. Alles fliegt raus, was du länger als drei Monate nicht getragen hast.

9 Freundin fragen:
Mit ihr und ihrem objektiven Blick auf Krempeljagd in deinem Zimmer gehen.

10 Alles an seinem Platz:
Krimskrams ins Regal, Schulsachen auf den Schreibtisch – wer feste Orte für sämtliche Gegenstände festlegt, hat alles im Griff.

Was du immer behalten solltest:

- Tagebücher
- Telefonnummern von Freunden, die du aus den Augen verloren hast
- Fotos von deinen Freundinnen-Abenden
- Die CD, die dich an deine erste große Liebe erinnert
- Dein Lieblingskuscheltier

Bye-bye, Seelenballast!

Loslassen kann ganz schön befreiend wirken! Nicht nur bei deinen Sachen solltest du daher Großputz machen, sondern auch in deinem Seelenleben:

Weg mit Nervensägen

Wer sagt, dass du dich mit der anstrengenden Tochter eurer Nachbarn abgeben musst, nur weil sie gleich alt ist? Ab sofort hast du keine Zeit mehr!

Weg mit Halbherzigem

Ballett tanzen, obwohl du keine Ballerina wirst, Tennis spielen, nur weil es deine Mutter kann? Sag Goodbye zu überflüssigen Hobbys.

Weg mit Sorgen und Ängsten

Panik vor der nächsten Mathe-Arbeit, Angst vom ersten Kuss? Egal warum du dich fürchtest – die meisten Sorgen lösen sich in Luft auf, wenn du dich richtig vorbereitest.

Weg mit Selbstblockaden

Sätze wie »Ich kann das sowieso nicht!« werden ab sofort aus deinem persönlichen Wörterbuch gestrichen. Beweis dir, dass du mehr draufhast, als du denkst.

✱ Weg mit Illusionen
Du brauchst keine öffentliche Abreibung im Fernsehen, um zu wissen, dass aus dir kein Superstar wird. Check lieber, welche Träume realisierbar sind.

✱ Weg mit Zeitdieben
Statt chaotisch umherzuwuseln, mach dir einen Stundenplan für jeden Tag. Das verschafft dir Übersicht über deine Pflichten und lässt dir viel mehr Freizeit.

✱ Weg mit Komplexen
Zu dick, zu dünn, zu langweilig? Verzweifle nicht an kleinen Makeln, sondern zeig deine Schokoladenseiten – für mehr Selbstbewusstsein und eine tolle Ausstrahlung.

✱ Weg mit trüben Gedanken
Jeden Abend kannst du dich vom Seelenmüll befreien, indem du auf einem Blatt Papier aufschreibst, was dich bedrückt. Anschließend einfach wegschmeißen.

✱ Weg mit Selbstzweifeln
Du bist einzigartig, du bist toll: Damit du das auch glaubst, jeden Abend zehn Dinge notieren, die dir gut gelungen sind. Zum Beispiel: *Englisch gelernt, leckeren Tee gekocht usw.*

✱ Weg mit schlechten Gewohnheiten
Fingernägel beißen, zu wenig an der frischen Luft sein, dauernd zu spät kommen – ab heute wird alles anders! Falls du es alleine nicht schaffst, hol dir Unterstützung von deinen Freunden.

VORHANG AUF FÜR DIE GENERALPROBE

Deine neue Rolle kannst du eigentlich immer und überall ausprobieren. Aber natürlich musst du dich nicht gleich riesigem Stress aussetzen und kannst zunächst mal mit einer Übungsphase starten. Denn was ist schon ein neuer Auftritt wert, wenn er aufgrund von Nervosität zu einer Katastrophe wird? Deshalb ist es ganz schön clever, am Anfang eher dort einen Versuch zu unternehmen, wo man dich nicht schon seit Kindertagen kennt. Außerdem gilt: Immer in kleinen Schritten erste Erfolge sammeln und dann mutiger werden. Auf den folgenden Seiten erfährst du, wo du ungeniert trainieren kannst.

Internet

Einfach mal locker drauflosreden, ohne dabei gesehen zu werden – diese Möglichkeit bietet dir das Internet in rauen Mengen! Denn hier gibt's Chats zu wirklich fast allen Themen. Doch das Genialste dabei ist: Hier kannst du alles sein und alles sagen. Nirgendwo sonst hast du so gute Möglichkeiten, die verschiedensten Rollen auszuprobieren. Und da dich niemand kennt und das Internet ja komplett anonym funktioniert, musst du bei deinen Trainingseinheiten nicht einmal ehrlich sein, sondern kannst wirklich voll und ganz in deiner neuen Rolle aufgehen. So erfährst du quasi live, wie du bei anderen ankommst.

Musikschule

Vielleicht spielst du ja schon seit Jahren ein klassisches Instrument, vielleicht hast du auch nur in grauer Vorzeit mal andere mit deiner Blockflöte gequält – ein Besuch in der Musikschule lohnt sich jedenfalls nicht nur in musikalischer Hinsicht. Hier findest du ein wunderbares Forum für dein neues Ich. Also: Egal ob du neu an der Musikschule oder schon seit Jahren in einem bestimmten Kurs eingeschrieben bist – schau dich hier doch mal etwas genauer um und such dir einen (neuen) Kurs aus. Dabei ist das Instrument eigentlich nur Nebensache. Denn hier geht es darum, neue Kontakte zu knüpfen und deine neue Rolle bei Fremden auszuprobieren.

Aushilfsjob

Egal ob du ein super Händchen für Geld hast oder ständig pleite bist – der Aushilfsjob ist eine optimale Möglichkeit, dein Taschengeld aufzubessern, und gleichzeitig beschert er dir ein tolles Testpublikum für deine neue Rolle. Am besten suchst du dir einen Job in einem Supermarkt oder in einer großen Firma, die mit Sicherheit auch noch andere Jugendliche beschäftigt. So stellst du sicher, dass du auch wirklich auf ein Publikum stößt, das deine neue Rolle zu würdigen weiß. Und vielleicht lernst du hier ja auch ganz nebenbei noch einen supersüßen Typen kennen!

Blind Date

Ein bisschen Mut ist hierfür schon erforderlich, aber die Möglichkeiten eines Blind Dates sind für deine Ziele absolut genial. Mach einen Aushang an der Schule, dass du jemanden suchst – beispielsweise zum Inlineskaten oder um zusammen in ein bestimmtes Konzert zu gehen. Gegenüber einem dir unbekannten Menschen kannst du dann sein, was immer du willst. Allerdings bleibt dir bei einem so direkten Kontakt kaum Zeit zum Überlegen. Deshalb musst du dir über deine neue Rolle bereits vorher ganz genau im Klaren sein. Vorteil dieser Methode: Du erfährst sehr direkt und unmittelbar während des Treffens, wie du ankommst und was vielleicht noch nicht so gut sitzt. Man könnte auch sagen: Üben für Fortgeschrittene.

Neuer Sportkurs

Selbst wenn körperliche Betätigung nicht unbedingt zu deinen absoluten Favourites gehört – zur Erprobung eines neuen Ichs können Sportkurse geradezu perfekt sein. Dabei geht es – ähnlich wie bei der Musikschule – nicht unbedingt um die Sportart an sich, sondern vielmehr um die neue Gemeinschaft, die dich nicht kennt und wo du einfach und unkompliziert in deine neue Rolle schlüpfen kannst. Ganz bestimmt findest du einen Kurs in einem Sportverein, einem Fitnesscenter oder der VHS, der dir zusagt. Denn egal ob Yoga, rhythmische Gymnastik oder Volleyball – überall stößt du auf Menschen, mit denen du locker ins Gespräch kommen kannst. Solltest du die heimliche Hoffnung auf einen heißen Flirt haben, achte auf einen Sportkurs, der auch für Jungen interessant sein könnte.

AB IN DIE MASKE

Traumrolle rundum schön

Klar, das Äußere ist nicht alles! Aber es tut trotzdem gut, einen bewundernden Blick für sein tolles Styling zu ernten. Vielleicht hast ja auch du Lust, optisch ein bisschen mehr aus dir rauszuholen, doch dir fehlt der Mut? Weil du nicht wirken willst, als wärst du in einen Farbeimer gefallen oder als hättest du dich verkleidet. Damit das auf keinen Fall passiert und du dich rundum wohl in deiner Haut fühlst, findest du hier eine Menge Tipps und Tricks.

SCHÖN UND SELBSTBEWUSST

Bisher hat es nicht zu deinen Stärken gehört, mit Beauty und Fashion bei anderen zu punkten? Wozu auch, schließlich kommt es nicht darauf an, mit einer tollen Mähne plus Barbie-Figur und schönen Klamotten ausgestattet zu sein, wenn es um echte Freundschaften oder Spaß im Leben geht! Andererseits: Wer sich selbst als ein unscheinbares graues Mäuschen empfindet, sollte unbedingt was für sein angeknackstes Selbstbewusstsein tun: mit ein bisschen Make-up oder einem neuen, angesagten Outfit, das deinen Typ unterstreicht. Das Geheimnis dabei ist simpel: Betone deine Schokoladenseiten!

Das passt zu mir!

Die langen braunen Haare mal eben zugunsten eines stacheligen knallroten Short Cuts opfern, Jeans gegen Mikro-Mini tauschen und High Heels statt Sneakers tragen. – Halt! Schließlich willst du deine Umwelt nicht schockieren. Ein bisschen mehr aus sich machen ist wie Fahrrad fahren auf Glatteis: Trittst du zu sehr in die Pedale, drehen die Reifen durch und du kommst ins Schleudern. Wer an seiner Imageschraube drehen will, sollte stattdessen langsam und behutsam vorgehen.

Wichtig ist, dass du dir erst einmal darüber klar wirst, was du eigentlich an deiner Fassade ändern möchtest. Vielleicht sehnst du dich nach einer neuen Frisur, vielleicht sind dir deine Lieblingsjeans und das lässige T-Shirt als Dauer-Optik einfach zu langweilig. Oder du bist davon überzeugt, dass der Eindruck, den du bei anderen hinterlässt, nicht zu deiner neuen Rolle passt. Schließlich sagt schon der Volksmund, dass Kleider Leute machen. Was dahintersteckt, ist die Psychologie einer ansprechenden Optik: Wer rein

äußerlich gut und gepflegt rüberkommt, wirkt vertrauensvoller und sympathischer.
Das gilt im umgekehrten Fall natürlich auch: Klamotten und Styling können dir ein negatives Bild von einem Menschen vermitteln. Vielleicht hast du dich auch schon mal dabei ertappt, dass du ein Mädchen, das in der Schule so aufgebrezelt auftaucht, als würde sie in die Disco wollen, als Tusse oder eingebildete Zicke abgestempelt hast? Ähnlich könnte es auch denjenigen gehen, die dich wegen deines unspektakulären Looks bisher als langweilig empfunden haben. Natürlich bist du nicht langweilig, und das kannst du ruhig nach außen hin zeigen!
Auch wenn es oberflächlich erscheint, aber der allererste Eindruck, den man von einem fremden Menschen gewinnt, wird eben von Äußerlichkeiten bestimmt. Das heißt natürlich nicht, dass du gleich deine kompletten Ersparnisse in der nächsten Boutique oder in einem Beauty-Shop umsetzen musst. Vielmehr geht es darum, dass du mit kleinen Veränderungen deinem Aussehen mehr Pep verleihst und deinem Gegenüber so ein besseres Bild von deiner Persönlichkeit vermittelst.

Mit der Power der Farben

In Bestform kommt deine Optik alleine schon durch die Wahl der richtigen Farbe bei den Klamotten. Mit einem pinkfarbenen Oberteil tust du dir keinen Gefallen, wenn es zwar angesagt ist, dich aber leider blass und müde wirken lässt. Warum es dir nicht steht? – Das liegt an deinem individuellen Hautton. Zu jedem Typ passen nur ganz bestimmte Farben:

FRISCH WIE DER FRÜHLING

Deine Haut: Wenn du ein Frühlingstyp bist, hast du einen hellen elfenbeinfarbenen Teint mit einem bronzefarbenen oder goldenen Unterton. Oft blitzen kecke Sommersprossen auf deiner Nase hervor.

Deine Haare: Gold-, rot- oder flachsblond, manchmal auch brünett mit rötlichem Schimmer.

Deine Augen: Leuchtend olivfarben, türkis oder grün.

Deine Farben: Warm und leuchtend und auch Cremetöne, die die zarte Nuance deines Teints unterstreichen. Orange, Maisgelb oder Honigtöne stehen dir super. Weich fallende Stoffe wie Viskose oder Seide unterstreichen deinen Typ.

SONNIG WIE DER SOMMER

Deine Haut: Du hast einen rosigen Teint mit einem leicht bläulichen Schimmer.

Deine Haare: Mittelaschblond, dunkelblond oder ein leicht rötliches Brünett.

Deine Augen: Kühles Grau oder Blau, ein Braun oder Grün mit grauem Unterton.

Deine Farben: Dir stehen helle, kühle und gedämpfte Töne am besten. Perfekt: Zartes Blau und puderige Pastellfarben wie Rosa und Zitronengelb. Zugreifen darfst du auch bei Outfits mit leichtem Glanz.

SANFT WIE DER HERBST

Deine Haut: Dein Teint schimmert bronze- oder goldfarben, deine Freundinnen beneiden dich immer um deine leicht gebräunt wirkende Haut.
Deine Haare: Dunkelbraun bis schwarz oder mittelbraun mit kupferfarbenen Akzenten und kastanienfarbenem Schimmer.
Deine Augen: Olivgrün oder dunkles Türkis. Herbsttypen haben oft aber auch blaugrüne, bernsteinfarbene oder dunkelbraune Augen.
Deine Farben: Alles, was aus der herbstlichen Natur kommt, steht dir bestens. Ideal: Naturtöne in Ocker, Rost oder Cognac. Eine gute Figur machst du in grobgestrickten Pullis oder Leinen-Outfits.

COOL WIE DER WINTER

Deine Haut: Dein Teint kann rosig, leicht bläulich oder auch dunkel sein.
Deine Haare: Meist mittelbraun bis blauschwarz, manchmal auch weißblond.
Deine Augen: Strahlend blau, grau, braun oder grün.
Deine Farben: Du wirkst in klaren, kräftigen, kalten Farben. Dazu gehören alle Blautöne, eisiges Grau oder auch Kontraste wie Schwarz und Weiß. Dir stehen auffallende Outfits in glänzenden und edlen Stoffen.

So machst du eine gute Figur

In Topform bist du bei der Wahl deiner Lieblingsoutfits, wenn du deiner Figur das Kommando überlässt.

DÜNNE MÄDCHEN SEHEN TOLL AUS …

… wenn sie in groben Stoffen wie Baumwolle oder Cord dick auftragen. Gerüschte und geraffte Blusen zaubern ein süßes Dekolleté, große Muster auf Oberteilen und Hosen bringen dich richtig zur Geltung. Eine Kraftkur für dünne Beine sind Stiefel oder Sneakers zum Minirock.

MOLLIGE MÄDCHEN SEHEN TOLL AUS …

… in weich fließenden Tunikas, die ein paar Pfündchen zu viel lässig überspielen. Hast du ein schönes Dekolleté, kannst du das mit einem V-Ausschnitt oder süßen Rüschen betonen. Überlange Jeans mit leichtem Schlag machen schöne Beine. Spitze Schuhe mit kleinem Absatz strecken zusätzlich. Rundum wohl fühlst du dich außerdem in dunklen Farben und kleinen Mustern.

GROSSE MÄDCHEN SEHEN TOLL AUS ...

... mit Hinguckern, hinter denen sich so mancher Zentimeter verstecken kann. Dazu gehören bauchfreie oder schulterfreie Tops, Bolero-Jäckchen, Dreiviertel-Hosen und Minis – am besten in einem kräftigen Farbmix, der das Zuviel an Größe zusätzlich »übermalt«. Bei Schuhen müssen es nicht gerade die High Heels sein, aber auf Absätze musst du deshalb noch lange nicht verzichten! Es gibt viele trendy Stiefeletten oder Sabots für den Sommer mit süßem Pfennigabsatz im Miniformat.

KLEINE MÄDCHEN SEHEN TOLL AUS ...

... in farblich aufeinander abgestimmten Outfits. Ton-in-Ton schummelt nämlich gleich ein paar Zentimeter auf der optischen Wahrnehmungsskala dazu. Auch toll: hüftlange Tops mit V-Ausschnitt, knielange Röcke und schmal geschnittene, weich fließende Hosen. Ganz groß raus kommst du in allen Schuhen mit kleinem Absatz.

Trickkiste Make-up

Deine Freundinnen bewundern dich für deinen makellosen Teint, deine strahlenden Augen oder deinen toll geformten Mund? Grund genug, dass auch andere deine Schokoladenseiten erkennen – und zwar auf den ersten Blick! Das gelingt mit dem richtigen Beauty-Programm. Der überlegte Griff in die Make-up-Trickkiste hilft dir aber auch dabei, zu kaschieren, was dir nicht so gut an dir gefällt. Selbst lästige Pickel hast du im Handumdrehen im Griff. So schminkst du dich, ohne angemalt zu wirken:

Der Teint: Rötungen, Unreinheiten oder Schatten unter den Augen tupfst du sanft mit einem Abdeckstift ab, der deinem Hautton genau entspricht. Eine getönte Tagescreme, die ruhig einen Hautton dunkler sein darf, verleiht dir einen ebenmäßigen Teint. Einfach einen kleinen Klecks mit dem Zeigefinger auf Stirn, Wangen und Kinn geben und von innen nach außen sanft verstreichen. Das funktioniert mit einem angefeuchteten Make-up-Schwämmchen besonders gut. Neigst du zu Pickelchen und Pusteln, kannst du auch ein richtiges Make-up verwenden. Damit deckst du Unreinheiten zuverlässig ab. Im Angebot findest du Make-ups speziell für jugendliche Haut, die gleichzeitig entzündungshemmende Wirkstoffe beinhalten. Für einen frischen Look sorgst du mit etwas Rouge. Egal ob als Puder oder Creme – Rouge immer auf den höchsten Punkt der Wange setzen und übers Jochbein zur Seite hin verteilen.

Die Augen: Lidschatten gibt deinem Blick das gewisse Etwas und fällt in sanften, pastelligen Naturtönen überhaupt nicht auf. Vor dem Auftragen das Lid mit transparentem Puder gut abtupfen, damit der Lidschatten länger hält und sich nicht in der Lidfalte absetzt. Deinen natürlichen Look und eine offene Ausstrahlung kannst du auch mit weißem oder hautfarbenem Kajal unterstreichen, den du vorsichtig im unteren Lid verteilst. Für schöne Augenblicke sorgen außerdem Wimpern in Topform. Mehrmals hintereinander tuschen und die Härchen anschließend mit einem Wimpernkämmchen bürsten. Schlicht in Schwung kannst du deine Wimpern auch mit farbloser Mascara bringen. Hauptdarsteller in einem schönen Gesicht sind die Augenbrauen. Richtig in Form öffnen sie deinen Blick und sorgen für eine wache, frische Ausstrahlung. Dazu bringst du die Brauen mit einem kleinen Bürstchen oder einer ausgedienten Zahnbürste zunächst in die gewünschte Richtung. Störende Härchen immer nur unter dem Brauenbogen mit einer Pinzette entfernen. Ohne Autsch-Effekt kannst du deine Brauen aber auch schonend mit einem speziellen Brauen-Rasierer modellieren. Die Mini-Shaver gibt es inzwischen sogar ganz handlich mit Batteriebetrieb. Zum Schluss die Brauen mit einem gut gespitzten Augenbrauenstift von innen nach außen nachstricheln, dabei den höchsten Punkt am stärksten betonen.

Die Lippen: Es muss nicht gleich der knallrote Erdbeermund sein, der dich zum Anbeißen süß macht. Für einen sanften Lippenlook sorgst du schon mit etwas Gloss, entweder farblos oder in zarten Rosatönen. Neigst du zu rissigen Lippen, schenk ihnen ab und zu eine leckere Abreibung. Einfach dick mit Honig einschmieren und zehn Minuten einwirken lassen. Das macht die Lippenhaut schnell wieder zart und geschmeidig.

Hairlich schön!

Kurz oder lang? – Du bist dir unsicher, welche Frisur dir steht? Dann findest du hier die ultimativen Tipps, wie deine Haare mehr aus deinem Typ machen!

Du möchtest eine Frisur, die dein Gesicht weicher erscheinen lässt?

Eine gestufte Vorderpartie umrahmt das Gesicht und lässt eckige Konturen weicher erscheinen. Mittellange Haare wirken hierzu besonders gut. Nach dem Waschen etwas Volumenschaum ins Haar geben und über eine große Rundbürste föhnen, die Spitzen dabei leicht nach außen drehen und anschließend mit Gel in Form zupfen. Gut stehen dir auch süße, geflochtene Zöpfe, die dein Gesicht runder erscheinen lassen. Verzichten solltest du auf streng aus dem Gesicht frisierte Looks.

Du willst deine Naturkrause bändigen?

Widerspenstige Locken fallen besonders schön und weich, wenn sie ab den Ohrläppchen großzügig gestuft werden. Nach dem Waschen hilft ein glättendes Serum und ein Lockenspray, das du in das handtuchtrockene Haar gibst. Einfach an der Luft trocknen lassen und mit den Fingern und etwas Gel in Form zupfen. Übrigens: Weil sich Locken beim Trocknen zusammenziehen, sollten sie nicht nass geschnitten werden.

Du wünschst dir mehr Volumen für dein feines Haar?
Stufenschnitte lassen deine Haare voller wirken. Für viel Fülle sorgt außerdem Volumenschaum, den du in das handtuchtrockene Haar knetest. Deine Frisur bauschst du außerdem auf, wenn du sie über Kopf trocken föhnst. Mädchen mit feinem, leicht fisseligen Haar stehen Looks gut, die nicht länger als bis zur Schulter reichen.

Du willst eine Frisur, die dein Gesicht schmaler erscheinen lässt?
Viel Volumen plustert auch deine Konturen auf. Besser sind leicht angestufte Pagenschnitte, die über eine Bürste glatt geföhnt werden oder die du mit einem Glätteisen stylst. Apfelbäckchen kaschierst du mit einem Seitenscheitel und Ponyfransen, die du schräg ins Gesicht ziehst. Dünn machen sich runde Formen auch mit einem Mittelscheitel zum kinnlangen Bob. Damit wird das Gesicht optisch in die Länge gezogen und wirkt schmaler.

WAS BEI JUNGS ANKOMMT

Mal ganz ehrlich! Bestimmt hast du noch einen anderen Grund, um ein wenig an deiner Ausstrahlung zu arbeiten: süße Jungs. Ihnen bereits auf den ersten Blick gut gefallen zu wollen ist völlig in Ordnung. Deshalb reduzierst du dich noch lange nicht auf reine Äußerlichkeiten. Schließlich ist es Quatsch, dass Jungs nicht hinter die Fassade blicken könnten. Allerdings stimmt auch, dass Jungs Augenmenschen sind und sich zunächst einmal von ihrem ersten Eindruck leiten lassen, ob sie auf ein Mädchen abfahren oder nicht. Aber keine Panik: Du musst wirklich nicht perfekt sein, um deinem Schwarm positiv aufzufallen. Hier erfährst du, was bei Jungs ankommt.

Immer natürlich!

Jungs stehen auf Mädchen, die es nicht allzu bunt treiben. Knallrote Lippen und knallrote Fingernägel törnen eher ab, weil sie dann glauben, eher in einem Maleratelier gelandet zu sein und nicht bei einem Mädchen, mit dem sie sich gut unterhalten und Spaß haben können. Oder hast du schon einmal versucht, mit lackierten Krallen vernünftig deine Inliner zu schnüren oder einen Fahrradreifen aufzupumpen?

Bitte keine Hungerkuren!

Nichts nervt Jungs mehr als Mädchen, die sich ständig wegen ihrer Figur stressen. Jungs wollen einen Kumpel, der auch mal herzhaft in einen Hamburger beißen kann, und keine Freundin, die in ihrer Freizeit sämtliche Frauenzeitschriften nach der neuesten Crash-Diät absucht, die fünf Kilo weniger in fünf Minuten verspricht. Jungs lieben auch Mädchen mit weiblichen Rundungen, denn die machen das andere Geschlecht in ihren Augen erst richtig schön und begehrenswert.

Modepuppen – nein, danke!

Computer, Clique, Sport – es gibt so viel Aufregenderes im Leben als ein paar Stofffetzen, finden die meisten Jungs. Mode sollte deshalb nicht der Lebensinhalt eines Mädchens sein. Klar mögen sie es, wenn du dich ab und zu mal aufstylst. Wichtiger ist ihnen aber, dass das Outfit zur Gelegenheit passt. Wer in High Heels und Minirock zum Cliquen-Treff oder Fußballplatz stöckelt, ist in ihren Augen nicht begehrenswert, sondern peinlich.

FÜHL DICH WOHL IN DEINER NEUEN HAUT

Vergiss nicht, deine Seele mit auf die Reise zu deinem neuen Ich zu nehmen. Für Energie, Entspannung und ein gutes Selbstbewusstsein kannst du mit Power-Bädern, Mind-Massagen oder Brain-Gym sorgen. Denn wer sich richtig wohl in seiner Haut fühlt, strahlt das auch nach außen aus und wirkt dadurch auf andere gleich viel, viel positiver. Und wenn mal eine Gewitterwolke über dir hängt, kannst du mit ganz einfachen Mitteln die Sonne wieder scheinen lassen. Hier geht's zu deiner persönlichen Wellness-Oase!

Power-Bad

Tauch ab in einem cremigen Bad für sanfte Stimmung.

SAHNEHÄUBCHEN FÜR DEIN EGO

Das brauchst du: 50 ml Sahne, 1 Esslöffel Honig, 1 Esslöffel Mandelöl, 10 bis 20 Tropfen ätherisches Öl (z. B. Ylang-Ylang, Lavendel oder Sandelholz).

So geht's: Öle, Honig und Sahne mit einem Handquirl kräftig verrühren und sofort in den Strahl des heißen Badewassers geben. Sahne und Öl machen die Haut wunderbar weich und geschmeidig, die ätherischen Öle sorgen dafür, dass du dich entspannen und richtig durchatmen kannst.

Wonnen aus der Wanne

Warmes Wasser lockert die Muskeln, die Atmung wird tiefer, der Körper ist in seinem Element. Kein Wunder, schließlich bestehen wir zu 80 Prozent aus Wasser!
Badetemperaturen über 37 Grad erleichtern das Abschalten und sorgen für eine wohlige Müdigkeit. Süße Träume bereitet deshalb ein Bad kurz vor dem Schlafengehen. Das beste Timing beim Baden beweist du, wenn du nicht länger als 20 Minuten in der Wanne liegen bleibst. Damit belastest du deinen Kreislauf nicht und verhinderst, dass die schönste Entspannung einfach mit zum Abfluss hinausfließt.

Mind-Massage

Nicht nur die Muskeln können durch Kneten, Reiben und Drücken entspannen. Auch dein Ego braucht ab und zu eine »Massage« für neue Power und Ausgeglichenheit, wenn du dich gestresst, unsicher und völlig ausgepowert fühlst. Das wirkt wie Streicheleinheiten für deine Seele:

TIEF DURCHATMEN

So geht's: Leg dich auf den Fußboden, schalte deine Lieblingsmusik ein und such dir einen Gegenstand aus, den du ganz bewusst betrachtest. Konzentriere dich dabei auf deine Atmung und atme gleichmäßig tief ein und aus.
Dadurch schaltest du alle störenden Umweltreize aus und gelangst in einen völlig entspannenden Schwebezustand zwischen Bewusstsein und Schlaf. Gleichzeitig läuft das Glückshormon Dopamin zu neuer Stärke auf, gibt dir Antrieb und fördert die Konzentration.

VON DER SEELE REDEN

So geht's: Drück aus, was du schon immer sagen wolltest, was dir im Kopf umherschwebt, was dich bewegt, was dich freut oder worüber du dich maßlos ärgerst. Aber bitte ohne Publikum, denn nur so kannst du frei von der Seele weg reden – völlig egal ob du dabei die richtigen Worte findest oder nicht, ob du lieber fluchst oder grummelnd vor dich hinplapperst.

Der Vorteil gegenüber dem Schreiben: Deine Gedanken können frei fließen, während du dir mit dem Stift in der Hand automatisch die richtige Formulierung überlegst. Wenn du einfach so drauflosplapperst, hilfst du Power-Hormon Noradrenalin und Happy-Botenstoff Dopamin auf die Sprünge.

Brain-Gym

Genau wie beim sportlichen Ausdauertraining sorgt Gymnastik fürs Gehirn dafür, dass dein Denkapparat topfit bleibt und allen Anforderungen und Eindrücken gewachsen ist. Eigentlich wurde Brain-Gym zur Verbesserung der Lernfähigkeit entwickelt. Inzwischen sind sich die Wissenschaftler einig, dass die Denkübungen gut sind, um Spannungen abzubauen, die Durchblutung anzukurbeln und das Wohlbefinden zu steigern. Abgesehen davon hilft Brain-Gym bei Lampenfieber und wirkt wie ein körpereigenes Beruhigungsmittel – natürlich auch vor Auftritten in einem neuen Look.

Hier ist das Trainingsprogramm für Einsteiger:

GET-TOGETHER DER BEIDEN GEHIRNHÄLFTEN

Die linke Gehirnhälfte steht für das logische Denken, die rechte ist verantwortlich für deine Fantasie und Kreativität. Mit Überkreuzübungen sorgst du für einen hellwachen Verstand, weil du beide Gehirnhälften dazu bringst, zusammenzuarbeiten.
So geht's: Im Stehen zehnmal hintereinander den rechten Arm zum linken Bein führen und umgekehrt. Im Sitzen zehnmal hintereinander den rechten Ellenbogen zum linken Knie führen.

ANGST-KILLER

Wenn du Angst hast, reagieren die Gehirnareale hyperaktiv, die eigentlich für Aggressions- und Fluchtbereitschaft zuständig sind. Um klar denken zu können, musst du die überschüssige Energie wieder in ihre Schranken weisen und in die richtigen Zonen für rationales Denken umleiten.
So geht's: Im Sitzen den linken Fußknöchel über den rechten legen. Beide Arme nach vorne ausstrecken und das linke Handgelenk über das rechte legen, die Finger beider Hände ineinander verschränken. Hände nach innen Richtung Brust drehen, Augen schließen und eine Minute lang in dieser Haltung entspannen. Beim Einatmen die Zunge gegen den Gaumen drücken und beim Ausatmen locker lassen. Zum Abschluss beide Füße wieder nebeneinander stellen, die Hände lösen und die Fingerspitzen zusammenführen. Eine weitere Minute ruhig ein- und ausatmen.

BÜHNE FREI

– für deine neue Rolle

Du hast deine Traumrolle gefunden, einstudiert und schon probehalber getestet. Nun kommst du frisch gestylt aus der Maske und es wird endlich ernst. Denn natürlich willst du dein Umfeld von deinem neuen Image überzeugen und deine neue Rolle auch im Alltag leben! Woran aber merkst du, ob das Experiment geglückt ist? Und was ist zu tun, wenn du nicht auf Anhieb tosenden Applaus erntest? – Das alles erfährst du in diesem Kapitel.

EXPERIMENT GEGLÜCKT?

Logisch, dass du mächtig Lampenfieber hast, bevor du auf die Bühne trittst und dich deinen Eltern, Freunden und Bekannten in deiner neuen Rolle präsentierst. Wirst du auch nicht wieder in deine alten Angewohnheiten zurückfallen? Wie kommst du an? Es gibt untrügliche Hinweise dafür, dass du auf dem richtigen Weg bist. Genauso kannst du an bestimmten Anhaltspunkten ablesen, ob du dein persönliches Drehbuch noch einmal überarbeiten solltest. Aber keine Panik, es reicht garantiert aus, nur an ein paar kleinen Rädchen zu schrauben, damit alles wie geschmiert läuft. Also, mach einfach mal einen Check!

Applaus!

10 Zeichen, an denen du erkennst, dass du deine Traumrolle gefunden hast:

☺ Deine Laune wird mit jedem Tag besser.

☺ Du hast auf einmal wieder richtig viel Spaß mit deiner Clique.

☺ Deine Freundinnen bemerken, dass du dich verändert hast, und machen dir dafür Komplimente.

☺ Du kannst dich plötzlich richtig über den Erfolg von anderen freuen, weil du selber immer öfter auf der Siegerspur bist.

☺ Jungs nehmen dich auf einmal nicht mehr nur als Kumpel wahr.

☺ Du kannst abends super einschlafen und quälst dich nicht mit trüben Gedanken im Bett.

☺ Du kommst mit deinen Eltern besser klar, weil sie finden, dass du in letzter Zeit so ausgeglichen bist.

☺ Deine gute Stimmung macht sich auch in der Schule bemerkbar. Es fällt dir leichter, dich zu konzentrieren.

☺ Du hast plötzlich Lust, neue Dinge auszuprobieren.

☺ Zu kleine Nase, Spaghetti-Haare oder ein paar Pfündchen zu viel auf den Hüften – das, was du früher als Makel angesehen hast, stört dich plötzlich nicht mehr.

Noch mal üben bitte!

10 Zeichen, an denen du erkennst, dass du an deiner Rolle noch mal arbeiten solltest:

☹ Deine Freundinnen bemerken zwar, dass du dich verändert hast, aber sie loben dich nicht dafür.

☹ Du hast das Gefühl, als würdest du dich im Kreis drehen.

☹ Du bekommst nicht die Aufmerksamkeit, die du dir eigentlich gewünscht hättest.

☹ Du bist unausgeglichen und hast öfter schlechte Laune.

☹ Du sagst deinem Spiegelbild, dass du dich toll findest, aber wirklich glauben kannst du daran nicht.

☹ Deine beste Freundin gesteht dir, dass sie ein paar Eigenschaften, die sie so an dir schätzt, in letzter Zeit vermisst.

☹ Du langweilst dich immer öfter.

☹ Dir fehlt die Motivation, mit deiner Clique etwas zu unternehmen.

☹ Du streitest viel mit deinen Eltern und deinen Geschwistern.

☹ Du bringst Dinge, die du dir vorgenommen hast, nicht zu Ende.

EXPERIMENT GEGLÜCKT?

PUBLIKUM AUF DEM PRÜFSTAND

Du bist topfit in deiner Rolle und du spürst, dass sie super zu dir passt. Aber was ist, wenn deine Freunde nicht mitspielen wollen? Wenn atmosphärische Störungen eure bisher gemeinsame Wellenlänge ins Schleudern bringen, seitdem du beschlossen hast, dich nicht mehr hintanzustellen? Dann solltest du deinem Publikum mal auf den Zahn fühlen und deine Freundinnen zusammentrommeln, um euch auszusprechen. Vielleicht ist es auch an der Zeit, dir einen neuen Fanclub zu suchen.

Ein Wort unter Freunden

Gut möglich, dass deine Freundinnen mit deinem Tempo nicht mithalten können, seitdem du den Turbo für dein neues Selbstbewusstsein gestartet hast. Schade also, wenn sie sich nicht mit dir über deine neue Power freuen können! Möglich aber auch, dass sie nur deshalb aufblühen konnten, weil du dich bisher mit deinem Schattenplätzchen arrangiert hast.

Hast du wirklich das Gefühl, dass bei euch alles nicht mehr so rund läuft, solltest du die Notbremse vor dem großen Knall ziehen und ein offenes Gespräch suchen. Schließlich kann es sein, dass deine Freundinnen den Eindruck haben, dass du beim Feinschliff für dein neues Image deine besten Eigenschaften etwas vernachlässigt hast. Redet ihr ehrlich darüber, wird aus euch schnell wieder die vertraute Einheit, die euch immer so stark gemacht hat, und ihr erfüllt die Basics jeder Freundschaftsbeziehung:

- Freunde sind wie Sterne in der Nacht. Auch wenn du sie nicht siehst, weißt du, dass sie da sind.
- Ein Freund ist ein Mensch, vor dem man laut denken kann.
- Freunde sind wie Lichter am Weg. Sie machen ihn zwar nicht kürzer, aber sie erhellen ihn.
- Falsche Freunde sind käuflich, richtige Freunde sind unbezahlbar.

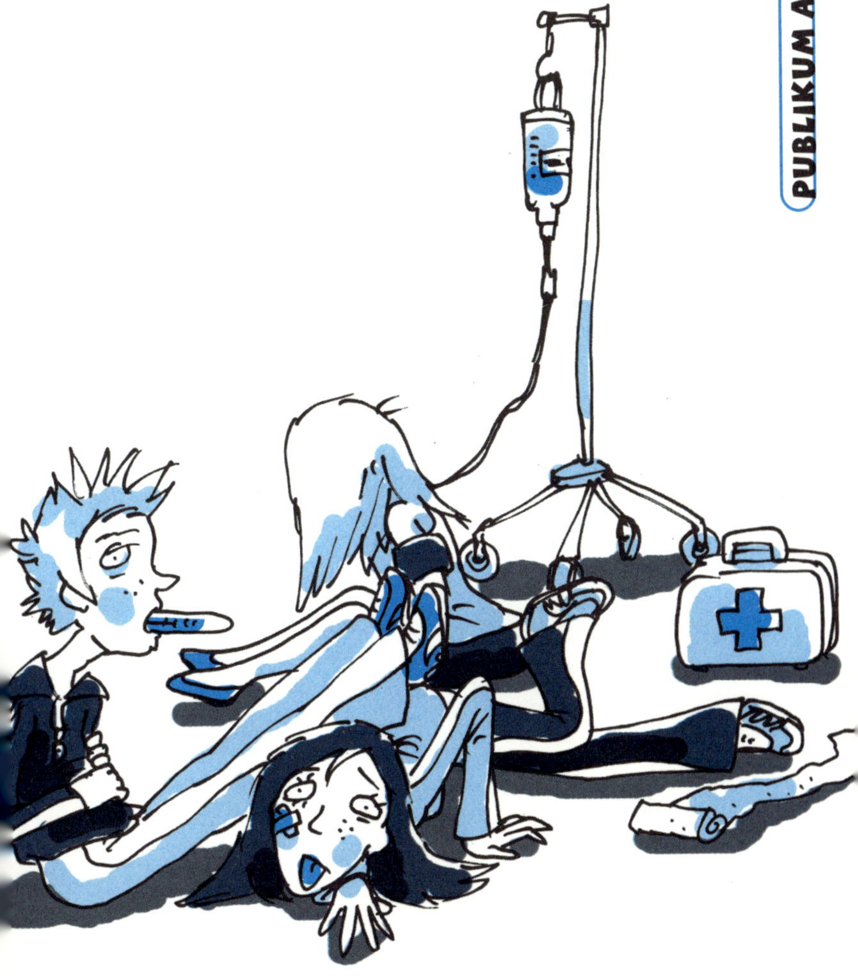

Auf zu einem neuen Publikum!

Manchmal ist ein sauberer Schnitt die beste Lösung, wenn sich deine Clique mit deinem Image-Update nicht anfreunden kann. Vor allem wenn du dir hundertprozentig sicher bist, dass du den richtigen Weg eingeschlagen hast. Vielleicht wollen deine bisherigen Freundinnen in ihrem Licht niemand anders glänzen sehen, in der Clique ist kein Platz für deine neue Rolle oder ihr habt euch einfach voneinander wegentwickelt.

Hier findest du eine Checkliste, mit deren Hilfe du erkennst, ob die Zeit reif für ein anderes Publikum ist. Bejahst du mehr als sieben der folgenden Aussagen, solltest du dich ruhig nach neuen Freunden für gute Gespräche, Spaß, Action und Abenteuer umsehen.

1 Deine Freundinnen rufen dich nicht mehr täglich an.

2 Wenn ihr zusammen seid, weißt du manchmal gar nicht mehr, was du sagen sollst.

3 Deine Freundinnen sind immer öfter ohne dich unterwegs.

4 Du vermisst deine Freundinnen nicht, obwohl sie sich immer rarer machen.

5 Du fühlst dich unverstanden und abgedrängt.

6 Dir fehlt jemand, mit dem du offen und ehrlich über all deine Probleme reden kannst.

7 Du langweilst dich, wenn du mit deinen Freundinnen unterwegs bist.

8 Du stellst fest, dass du nicht mehr auf dem Laufenden bist, wenn deine Freundinnen sich unterhalten.

9 Du ertappst dich dabei, dass du am Wochenende lieber mit deinen Eltern gemeinsam vor dem Fernseher sitzt, als mit deiner Clique auf die Piste zu gehen.

10 Du sehnst dich danach, mal wieder neue Leute kennenzulernen.

Die besten Locations für neue Kontakte

Neue Freunde hast du bisher nur im Urlaub locker kennengelernt? Dabei musst du gar nicht erst auf die nächsten Ferien warten, denn auch zu Hause gibt es eine Menge Möglichkeiten, frische Kontakte zu knüpfen. Versuch es doch mal damit:

Topfit im Sportverein

Bisher bist du zum Turnen, Volleyball oder Tischtennis gegangen und hast einfach nur mitgemacht. Dreh den Spieß um und werde zum Team-Manager. Vielleicht braucht dein Verein beim Kinderturnen noch eine Betreuerin, die mit den Kleinen durch die Halle tobt? Dabei lernst du garantiert Mädchen kennen, die auf dem gleichen Feld aktiv sind. Oder du bietest deine Hilfe beim Organisieren von Festen und Ausflügen an. Auch dabei findest du viele Gleichgesinnte, mit denen du schnell Kontakt knüpfen kannst.

Hilfe als Hobby

Bestimmt gibt es in dem Ort, wo du lebst, viele Jugendgruppen, die sich sozial engagieren. Mit offenen Armen nehmen dich Naturschützer oder auch kirchliche Gruppen auf, die für mehr Leben in deiner Gemeinde sorgen. Du kannst aber auch selbst etwas auf die Beine stellen. Gründe doch einen Babysitter-Dienst und suche per Aushang Mitstreiter. Dabei hast du schnell eine tolle Truppe zusammen und bestimmt werdet ihr übers rein Geschäftliche hinaus noch viele andere Gemeinsamkeiten feststellen.

Tierisch einfach

Wenn du keinen eigenen Hund hast, leih dir einen aus der Nachbarschaft oder such per Inserat oder Aushang nach einem süßen Vierbeiner, den du regelmäßig Gassi führen kannst. Du wirst erstaunt sein, wie viele Jungs und Mädchen es gibt, die ebenfalls Hunde ausführen. Wetten, dass es euch leichtfällt, euch zu beschnuppern, wenn eure tierischen Begleiter das erst mal vorgemacht haben!

Bühne frei

Garantiert gibt es auch in deiner Schule Angebote zur Freizeitgestaltung. Check einfach mal den Stundenplan auf Arbeitsgemeinschaften ab, die dein Interesse wecken. Superschnell kommst du in der Theater-AG oder in der Redaktion der Schülerzeitung mit anderen in Kontakt. Wenn du eine Idee für eine AG hast, die an deiner Schule noch nicht angeboten wird, wende dich an deinen Lehrer. Dort bekommst du alle notwendigen Infos, wie du der AG Leben einhauchen kannst, und du punktest gleichzeitig mit deinem Engagement für die Schule.

➔**Trau dich:** Gefällt dir jemand gut, frag einfach mal an, ob ihr nicht mal zusammen zum Eisessen oder Inlineskaten gehen könnt. Du wirst überrascht sein, wie positiv dein Vorschlag aufgenommen wird. Dahinter steckt keine Zauberei, sondern einfach nur die Tatsache, dass eure Antennen sowieso schon längst Sympathie gefunkt haben.

DAS DICKE ENDE?

Jetzt kennst du die besten Strategien, wie du dein Selbstbewusstsein pushst und wie du aus deinem eigenen Schatten ins Rampenlicht treten kannst. Falls es dann doch nicht so super klappen sollte, findest du hier eine Checkliste, wann du besser bescheiden punktest oder selbstbewusst in Aktion trittst. Außerdem gibt's ein paar Tipps für den Absprung und ein bisschen erste Hilfe für den Notfall.

Bescheiden oder forsch auftreten?

Versteck dich nicht, wenn ...

... du einen süßen Jungen entdeckt hast.
... deiner Clique die Ideen für Fun und Action ausgehen.
... deine Freundinnen Hilfe brauchen.
... Streit droht und keiner den Zoff schlichten kann.
... du willst, dass deine Träume wahr werden.

Halte dich bedeckt, wenn ...

... sich zwei andere um die besten Plätze in der ersten Reihe streiten.
... dich jemand für seine Zwecke benutzen will.
... schlecht über jemanden aus deiner Clique geredet wird.
... Zoff droht und Fronten gebildet werden.
... dir jemand ein Geheimnis anvertraut hat und die anderen versuchen, es aus dir herauszubekommen.

Auf dem Absprung!

Du hast Sehnsucht danach, einfach nur das Weite zu suchen und ganz woanders noch einmal neu anzufangen? Ein Schüleraustausch bietet dir dazu die beste Möglichkeit. Du verschwindest über mehrere Monate aus dem Dunstkreis deiner bisherigen Clique und hast die Chance, dich ganz neu auszuprobieren. Nebenbei machst du natürlich wertvolle Erfahrungen in einem anderen Land, die deine Persönlichkeit pushen. Über die verschiedenen Austauschmöglichkeiten informiert die Internetseite www.bildungsserver.de als offizieller Gemeinschaftsservice von Bund und Ländern. Dort findest du auch umfangreiche Informationen, Erfahrungsberichte und Tipps für ein Austauschjahr.

Kummer-Nummer

Wenn nicht immer alles glattgehen sollte und du Sorgen mit deinen Freunden, Eltern oder in der Schule hast, findest du telefonische Hilfe beim Kinderschutzbund. Unter der Nummer gegen Kummer erreichst du Berater und Beraterinnen, die fit in allen Lebenslagen sind und mit dir gemeinsam eine Lösung für dein Problem suchen. Natürlich alles völlig anonym und kostenlos. Die Nummer gegen Kummer erreichst du montags bis freitags von 15 bis 19 Uhr unter 0800-1110333. Keine Angst, auf der Telefonrechnung taucht der Anruf nicht auf!

Mehr heiße Tipps & coole Tricks:

Bye, bye, Liebeskummer – So kommst du drüber weg
Clique & Co. – Freunde bekommen, behalten, loswerden
Flirten – bis die Funken fliegen
Jungenpower – Pubertieren leicht gemacht
Klassenbeste(r) in vier Wochen – Viel Erfolg mit wenig Aufwand
Mädchenpower – Pubertieren leicht gemacht
Nie mehr pleite – Wie man seine Geldsorgen loswird
Schnapp ihn dir! – So fängst du dir deinen Traumprinzen
So ticken Jungs – Eine Gebrauchsanweisung für Mädchen
So ticken Mädchen – Eine Gebrauchsanweisung für Jungen
So überlebst du die Schule – Survivaltipps für die härteste Zeit im Leben

Alles, bloß kein Stress – Die besten Tipps & Tricks für den Schulalltag
Prinzen, Frösche, Supertypen – Die besten Tipps & Tricks für den Umgang mit Jungs

Kampwerth, Karin/Streng, Corinna:
Ich fühl mich gut – Die besten Tipps & Tricks
für Beauty und Selbstbewusstsein
ISBN 978 3 522 18068 9

Einband- und Innenillustrationen: Alexander Weiler
Satz und Aufbau: Prill Partners producing, Berlin
Schrift: Excelsior
Reproduktion: LVD GmbH, Berlin
Druck und Bindung: Friedrich Pustet, Regensburg

5 4 3 2 1°   08 09 10 11

www.thienemann.de

HEISSE TIPPS & COOLE TRICKS

FÜR BOYS & GIRLS

K. Kampwerth/C. Streng
Mädchenpower
128 Seiten mit Ill.
ISBN 978 3 522 17858 7

Karin Kampwerth
So ticken Mädchen
128 Seiten mit Ill.
ISBN 978 3 522 17538 8

O. Hilf/C. Streng
So ticken Jungs
128 Seiten mit Ill.
ISBN 978 3 522 17539 5

THIENEMANN